Haltung zählt

Dieses Buch wird herausgegeben im Auftrag der Karl-Gerold-Stiftung und der Chefredaktion der Frankfurter Rundschau.

1. Auflage 2021
© edition7, Berlin und bei den Herausgebern

Gestaltung und Satz: mmS|Design|Berlin
Umschlaggestaltung: VISULABOR® Berlin / Leipzig
Umschlagmotiv: Ralf Oeser
Druck und Bindung: Bookpress.eu
Bildnachweis: Andreas Arnold: 92, 101; Christoph Boeckheler: S. 41 (u., li.), 108; FR-Archiv: S. 10, 12, 16, 19, 29, 38 (o., li.); Institut für Stadtgeschichte Frankfurt: S. 29, 38 (o. re.), 47, 50; Alex Kraus: S. 81; Georg Kumpfmüller: S. 34, 38 (u.), 41 (o.), 71; Rolf Oeser: S. 38 (u.), 115; Michael Schick: 121; W. Ullrich: S. 31, 55, 58; Peter Wensierski: S. 65

ISBN 978-3-949111-99-0

Richard Meng
Thomas Kaspar
(Hg.)

Haltung zählt

Anspruch und Geschichte
der Frankfurter Rundschau

edition **7**

INHALT

ÜBER DIESES BUCH

Wir leben in komplizierten Zeiten. Wo längst Veränderung nötig ist, gegen weltweite Ungerechtigkeit und Unterdrückung etwa, tut sich wenig oder gar nichts. Anderes dagegen ändert sich rapide, mal zum Guten und mal zum Bedrohlichen. Und viele fragen sich, wie dieser komplexe Prozess der Weiterentwicklung unserer Gesellschaften überhaupt wirkungsvoll beeinflusst, wie er verändert, aufgehalten oder weitergetrieben werden kann. Auch in Demokratien scheint das manchmal eine offene Frage zu sein. Weil die demokratische Öffentlichkeit, in der alle mit- und gegeneinander argumentieren können, selbst immer wieder an Grenzen stößt. Eine Öffentlichkeit, die ohne Zeitungen sehr viel ärmer und wirkungsloser wäre.

Die *Frankfurter Rundschau* steht für ein starkes Stück Zeitungsgeschichte und Zeitungsgegenwart. Mehr als das: Sie ist Teil der Republikgeschichte und sie ist aktive Stimme heute. Was das bedeutet hat und was es bedeutet: davon erzählt dieses Buch. Es blättert die Geschichte der FR als Teil der Geschichte des Landes auf, es beschreibt beispielhaft wichtige Felder der Berichterstattung und die Erfahrungen dort – und es benennt Herausforderungen und Prinzipien für die Zukunft. Mit Autorinnen und Autoren, die im Laufe der Jahrzehnte die Zeitung geprägt haben. Sie beschreiben ihre, unsere Rundschau.

Ob die Zeitung von heute noch die ist, die von diesen Zeitzeugen beschrieben wird? Ja und nein. Auch sie hat sich gewandelt, auch sie muss heute unter neuen Bedingungen arbeiten. Umso wichtiger werden einerseits Erinnerungen an die frühen und die nachfolgenden Jahrzehnte. Andererseits: Sie bewährt sich jetzt täglich neu im Umfeld der digitalen Kommunikation. Mit veränderten Publikumserwartungen, komplexeren Publikationswegen, schwierigeren Diskursen angesichts der vielen Aufspaltungen in der Gesellschaft.

Was man heute die Zenitzeit des Printjournalismus nennen kann, die Jahrzehnte zwischen Kriegsende und Jahrtausendwende, war mediengeschichtlich in der Tat einzigartig. Die Zeitungen waren in diesem Zeitfenster das zentrale Forum aller gesellschaftlichen Debatten, der Qualitätsjournalismus wurde zum Vertrauensfaktor und Türöffner für manchen Aufbruch in Richtung freiere, verantwortungsvollere, vielfältigere Gesellschaft. Er hatte wie von selbst eine starke Prägekraft im Meinungsstreit, die sich aus einer – aus heutiger Sicht – relativ übersichtlichen öffentlichen Diskussionskultur ergab.

Mit dem Netz und seiner digitalen Vielfalt ist das gedruckte Wort keinesfalls irrelevanter geworden. Es ist aber oft schwerer auffindbar, in seiner Qualität schwieriger herauszufiltern angesichts der Flut von individuellen Meinungsäußerungen. Gerade deshalb: Zeitungen als Qualitätsmarken bleiben da unverzichtbare Vertrauensanker. Als verlässliche Informationsangebote, Foren für Debatten von Relevanz, verbindend über Milieugrenzen hinweg.

Die Texte des Buches zeigen, worauf dieser verantwortungsvolle Journalismus heute aufbauen kann, wie er sich versteht und warum es weiter sehr auf ihn ankommt. Auch in diesem Sinne bleibt es dabei: das Prinzip Aufklärung lohnt. Mit Haltung in Kombination mit Neugierde und Offenheit. Gut informiert in Verbindung mit Kompetenz. Das ist es, was mit gutem, verlässlichem Journalismus gemeint ist.

Dass der sich nicht nur Freunde und Freundinnen macht bei denen, über die er berichtet, gehört dazu. Bei manchen – zumal: bei Rechten und Antidemokraten – zeigt deren Zorn nur, dass die Kritik ‚gesessen‘ hat. Im demokratischen Diskurs wiederum bedeutet Reibung aber stets auch eine positive Spannung, wenn alle damit fair umgehen können. Frankfurts Oberbürgermeister Peter Feldmann zum Beispiel hat in einem Grußwort zum 75-jährigen Bestehen der FR geschrieben, dass er sich bei der täglichen Lektüre immer wieder ärgere, aber diese Auseinandersetzung auch sehr respektiere. So soll es sein, denn das ist der Auftrag: Mächtige zu hinterfragen, Öffentlichkeit herzustellen, dadurch öffentliche Kontrolle überhaupt erst möglich zu machen. Im Interesse des Lesepublikums.

Ja, das gedruckte Wort kann Wirkung haben. Sich dessen bewusst zu sein, gehört mit zur Verantwortung im guten Journalismus. Heute muss man dabei gedanklich erweitern vom (nur) gedruckten zum (vielfältig) publizierten Wort. Die Zeitung bleibt der Kern, drum herum gibt es immer wieder neue, zusätzliche journalistische Wege in die Öffentlichkeit. Es gibt aber auch Viele, die sich in den digitalen Medien immer nur selbst so inszenieren, wie sie es gern hätten. Sie zu hinterfragen und mit kritischen Inhalten zu konfrontieren: das wird neu wichtig in einer Zeit, in der auch Qualitätsjournalismus um Wahrnehmung kämpfen muss. Es ist letztlich die uralte journalistische Aufgabe.

Dieses Buch über Anspruch und Geschichte der *Frankfurter Rundschau* ist insofern auch eine Selbstvergewisserung, weit über das Tagesgeschäft hinaus. Nachzulesen ist, wie die Zeitung aufgebaut und groß wurde, was sie mit ihrer linksliberalen publizistischen Haltung bewegt (und was sie nicht bewegt) hat, wie sie ihre Aufgabe und ihren Journalismus sieht, wie sie in die Zukunft blickt. Im Sinne des nach wie vor unentbehrlichen Auftrags, Debatten zu führen und zu prägen, damit eine vielfältige Demokratie möglich bleibt.

Dieser Auftrag hatte und hat viele Facetten. Vom Lokalen über den Sport bis hin zur Kultur ist eine gute Zeitung täglich Wegbegleiterin und zugleich Denkanstoßgeberin. Das Tagesgeschehen hinterfragen und einordnen: Das ist zunehmend wichtiger geworden. Weit über diese Tagesthemen hinaus aber auch die großen Trends erkennen und benennen: Im Feuilleton ist das immer wieder besonders nachhaltig und prägend gelungen. Die *Rundschau*, das ist gerade dort der ganze Blick auf die ganze Wirklichkeit. Auf die gesellschaftliche und politische Kultur, in der sich das Leben spiegelt und die umgekehrt so stark unser Leben prägt.

Zu danken ist seitens der Chefredaktion und der Karl-Gerold-Stiftung allen, die mitgeschrieben haben – über viele Jahre als Autorinnen und Autoren der Zeitung, einige von ihnen jetzt im Buch. Zu danken ist genauso allen, die als Leserinnen und Leser immer wieder zum Erfolg dieses engagierten Journalismus beigetragen haben und weiter beitragen. Die Dinge beim Namen zu nennen, sie einzuordnen und gemeinsam etwas voranzubringen: Dazu braucht es sie alle.

Wir wünschen viele kluge Gedanken beim Lesen – und vielleicht auch das Gefühl, dass uns viel verbindet.

Richard Meng
Kuratoriumsvorsitzender
der Karl-Gerold-Stiftung

Thomas Kaspar
Chefredakteur der
Frankfurter Rundschau

Frankfurter Rundschau

Veröffentlicht unter Lizenz Nr. 2 der Nachrichtenkontrolle der Militärregierung

Jahrgang 1, Nummer 1 — Mittwoch, den 1. August 1945 — Einzelpreis: RM 0.20

Das Ergebnis der englischen Unterhauswahlen

Absolute Mehrheit der Arbeiterpartei
Attlee — der neue Premierminister

Clement Richard Attlee

Ehrenvolle Begrüßung
der „Frankfurter Rundschau"
durch die Militärregierung

Zählung der Stimmen

Der Eindruck in England

Ueberwältigende Mehrheit
Senat in Amerika ratifiziert Weltfriedensatzungen der Vereinten Nationen

Unsterbliche Opfer

Dreimächte-Konferenz tagt weiter

Alliierter Kontrollrat

Laval verläßt Spanien

Der neuen Zeitung zum Geleit!

Alle Kraft gegen Japan

ROBERT K. PHELPS
Lt. Col.
Military Government Officer, Frankfurt

Unterhaus tagt am 15. August

Der Krieg gegen Japan
Elf Städte wurden gewarnt, sechs davon brennen bereits

Präsident Henry S. Truman

Vier Seiten, schwarz auf weiß: die erste Ausgabe der FR am 1. August 1945

EIN BLATT WIE KEIN ANDERES

Die bewegte, eindrucksvolle, spannende
Chronologie der Frankfurter Rundschau

Wolf Gunter Brügmann

Die Anfangsgeschichte der *Frankfurter Rundschau* hat etwas von einem Polit-Thriller im Spannungsfeld von Antifaschismus und Antikommunismus. Es gab Richtungskämpfe in der US-Armee, zwischen der US-Armee und der FR und in der FR selbst. Und die bewirkten eine holprige Startphase – von der Auswahl und Wiederauflösung des ersten Herausgebergremiums aus sieben Männern bis hin zur Berufung des späteren Alleinbesitzers Karl Gerold.

Am 30. März 1945 hatte die US-Armee Frankfurt am Main von der Nazi-Herrschaft befreit. Zu den ersten Kundgebungen des Oberkommandierenden der US-Armee in Deutschland, General Dwight Eisenhower, gehörte die Ankündigung, Deutschland solle „eine freie Presse und freien Austausch von Nachrichten und Ideen" bekommen. Dies auf den Weg zu bringen, wurde Robert McClure bestimmt, der Chef des Alliierten Amtes für psychologische Kriegsführung. Die *Frankfurter Rundschau*, die erstmals am 1. August 1945 erschien, war die erste neue deutsche Zeitung in der amerikanischen Zone.

Die Produktionsgeschichte der FR begann mit der Suche nach Bleibuchstaben in den Trümmern und Instandsetzung der von den Nazis bei ihrem Abmarsch zerschlagenen Druckmaschinen in den benachbarten Ruinen der *Frankfurter Zeitung* und des *Generalanzeiger*. Wer für die neue Zeitung arbeiten wollte, musste bereit sein, Samstagnachmittag freiwillig bei der Trümmerbeseitigung und im Bautrupp mitzumachen, Mörtel von Steinen zu klopfen, Mauern hochzuziehen, Türen, Fenster einzusetzen und mehr.

Die Redaktion hatte zunächst kein Telegrafensystem und auch keine Telefone, für die Lokalreporter gab es weder Autos noch Fahrräder. Die FR begann mit 206 Beschäftigten: 27 im Bautrupp, 25 kaufmännische Angestellte, 24 in der Redaktion, 22 im Versand, 17 Drucker, 17 Maschinensetzer, 10 Chemographen, 6 Stereotypeure, 6 Schlosser, 4 Elektriker. Sie erschien in einer Auflage von 500 000 Exemplaren.

Zunächst nur zwei Mal wöchentlich, mittwochs mit vier, samstags mit sechs Seiten. Sie war immer sofort ausverkauft. Ab April 1947 brachte sie auch eine Deutschland-Ausgabe heraus. Täglich erscheinen konnte sie erst ab 1948.

Zeitungsproduktion in den Nachkriegsjahren: Blick in die Setzerei

Die sieben ersten Auserwählten

Am Abend des 31. Juli 1945, kurz vor Andruck der ersten FR, überreichte McClure sieben Männern formell die Lizenz für die FR. Die sieben Männer waren die Sozialdemokraten Paul Rodemann, Hans Etzkorn, Wilhelm Knothe, die Kommunisten Otto Grossmann, Emil Carlebach, Arno Rudert und der Linkskatholik Wilhelm-Karl Gerst. Auf ihre Eignung waren sie in drei Schritten überprüft worden. Erst mussten sie schriftlich einen langen Fragekatalog zu Lebenslauf, Verhalten in der Nazi-Zeit und Gesinnung beantworten. Dann wurden sie von den US-Presseoffizieren Cedric H. Belfrage, der mit dem Kommunismus liebäugelte, und Ernest Adler, einem gebürtigen Frankfurter, der in die USA emigriert war, befragt. Und schließlich klopfte SPD-Mann Knothe, den Belfrage als ersten ausgewählt hatte, die anderen sechs im Auftrag von Belfrage im Vier-Augen-Gespräch noch einmal ab. Zwei waren schnell wieder weg und tauschten ihre

Lizenzen. Rodemann gründete das *Darmstädter Echo*, Grossmann die Zeitung *Der Neue Sport*.

Eigentlich hatte die Zeitung schon früher starten sollen, aber Widerstände in der US-Armee hatten das Erscheinen um mehr als sechs Wochen verzögert. Zum einen hatte McClure, dem die Auswahl von Belfrage und Adler missfiel, zunächst verlangt, die Lizenzierung solle langsamer vor sich gehen, „da die Möglichkeit besteht, bei den aus Amerika heimkehrenden Kriegsgefangenen qualifiziertes Personal zu finden". Zum anderen wurde ausgedehnt überprüft, wie sich der 31-jährige Emil Carlebach in der Häftlingsselbstverwaltung im Konzentrationslager Buchenwald verhalten hatte, was von Mitgefangenen, die von der US-Armee befragt wurden, unterschiedlich bewertet wurde.

Belfrage, der sich vehement für Carlebach eingesetzt hatte und die Zeitung kontrollierte, äußerte sich schon am 26. August beunruhigt darüber, dass sich die kommunistischen Lizenzträger, zu denen er zu Recht auch Gerst zählte, in der Arbeit entschiedener und verlässlicher als die Sozialdemokraten gezeigt hätten. Statt Miteinander dominierte bald ein Nebeneinander und Gegeneinander. Anfangs warben Leitartikel für die Volksfront von Sozialdemokraten und Kommunisten, wetterten gegen die Westbindung Deutschlands und die Marktwirtschaft. Die Redaktion zerfiel schnell, nachdem die SPD schon im Oktober 1945 jeglicher Zusammenarbeit mit Kommunisten eine strikte Absage erteilt hatte.

Zwei der Sozialdemokraten im Herausgebergremium schieden zum 1. März 1946 aus. Etzkorn wurde wegen Überheblichkeit und Inkompetenz entlassen. Belfrage beklagte, er produziere „viel nutzloses Zeug". Gelegentlich habe er ihn anweisen müssen, „alles wegzuschmeißen." Knothe, der sich in der FR nicht sehr engagierte, ging, als er SPD-Vorsitzender in Hessen wurde. Der Aufforderung, Nachfolger zu benennen, kamen Knothe und Etzkorn nicht nach, weil sie hofften, wegen der nun nur noch von Kommunisten geprägten FR die Erlaubnis für eine eigene Parteizeitung zu bekommen. Das war eine Fehleinschätzung.

Die US-Armee greift wieder ein

Carlebach, Gerst und Rudert aber, die Übriggebliebenen, sahen sich harter Kritik ausgesetzt. Nur eine von vielen im Tenor ähnliche

Stimmen: „Bevor nicht berichtigende Schritte unternommen würden, wird die Frankfurter Rundschau die Frankfurter Prawda genannt werden". So die *New York Herald Tribune*. Der in München wirkende US-Presseoffizier Josef Dunner, der die Lizenzträger für die *Süddeutsche Zeitung* ausgewählt hatte, fand es unverständlich, dass General McClure der Bevölkerung eine Zeitung oktroyiere, „die mit 500 000 Exemplaren die Deutschen in der amerikanischen Besatzungszone auffordere, der Pieck-Ulbrichtschen sozialistischen Einheitspartei beizutreten".

Auch der Frankfurter Bürgerrat, Vorläufer der Stadtverordnetenversammlung, beklagte die kommunistische Ausrichtung der FR. Belfrage und Adler wurden im Frühjahr 1946 von ihrer Aufgabe entbunden und mussten in die USA zurück, wo Belfrage in die Fänge des Kommunisten-Jägers Senator McCarthy geriet, der ihn beschuldigte, sowjetischer Agent zu sein. Für achteinhalb Monate blieb die FR die einzige Zeitung in Frankfurt. Am 15. April 1946 erschien zum ersten Mal die *Frankfurter Neue Presse* (FNP), die die US-Armee als politisches Gegenstück auf den Weg gebracht hatte.

Im Oktober 1946 entließ die US-Armee Gerst wieder. Ihm wurde nun doch eine eher ambivalente Haltung in der Nazi-Zeit angelastet. Entscheidender war aber wohl, dass er die FR kaufmännisch schlecht geführt und sich wegen seines despotischen Umgangs Feinde bis hin zum Betriebsrat gemacht hatte. Gerst siedelte in die DDR über und kehrte als Korrespondent für das SED-Organ *Berliner Zeitung* nach Bonn zurück.

Im August 1947 kam auch für Carlebach das Aus. Der Direktor der Militärregierung in Hessen, James Newman, erklärte, Carlebach bringe nicht nur den Zielen der Militärregierung kein Vertrauen entgegen, sondern sei „offensichtlich unfähig, die Grundprinzipien der Demokratie zu verstehen". Carlebach wurde Stadtverordneter und in den Landtag gewählt. Nach dem KPD-Verbot im August 1956 floh er vor drohender Verhaftung in die DDR. Dort war er in der Leitung des nach Westen gerichteten *Freiheitssender 904* tätig. 1969 kehrte er als Chefredakteur der Wochenzeitung der Vereinigung der Verfolgten des Naziregimes, *die tat*, nach Frankfurt zurück.

„Ruhig, präsentabel, intelligent, arbeitsam." So sah die US-Armee Rudert, der vor 1933 Chefredakteur des KPD-Organs *Frankfurter Arbeiterzeitung* gewesen war. Im November 1947 schloss die KPD ihn aus, weil er persönliche Feigheit gezeigt habe, als die Anzeichen einer antikommunistischen Kampagne einsetzten. Rudert konterte: „Meine Feigheit besteht darin, dass ich die Zeitung nicht als Kommunist, sondern als Journalist geführt habe."

Die Ära Karl Gerold beginnt

Einen neuen starken Mann, dem sie vertrauten, hatten die Amerikaner derweil von außerhalb geholt. Karl Gerold, einen 39-jährigen Deutschen, der in die Schweiz geflohen war und von dort aus weiter gegen das Nazi-Regime gearbeitet hatte. Am 15. April 1946 erteilten sie ihm die Lizenz. Der *Spiegel* berichtete, Frankfurter Journalisten seien der Ansicht, dass der Lizenziatenverschleiß bei der FR jetzt aufhören werde. „Sie sagen, Gerold und Rudert seien nicht nur tüchtig, sondern auch klug, was die Amerikaner mögen. Gerold hat überdurchschnittliche Fähigkeiten."

Am 22. Juli 1949 übergab die US-Armee die FR in den privaten Besitz von Gerold und Rudert. Rudert starb 1954, seine Witwe blieb mit einem Drittel stille Teilhaberin. Nun hatte Gerold allein auf allen Ebenen das letzte Wort. Bis zu seinem Tod 1973 war er der alleinige Herausgeber, Verleger und Chefredakteur. Gefürchtet und geliebt: Die heilige Dreifaltigkeit wurde er in der Redaktion genannt. Gerolds Haltung und Verhalten hatten starke Wirkungen nach innen und außen.

1950 trat er mit lautem Aplomb aus der SPD aus. Das Fass war übergelaufen, als der hessische SPD-Vorstand die FR scharf kritisierte. Ein Angeklagter in einem Gestapo-Prozess hatte der FR eine Liste mit Namen angeblicher Spitzel übergeben. Die FR nannte niemanden, sondern teilte nur mit, unter ihnen befänden sich zwei Bundestagsabgeordnete und ein Stadtverordneter. Das waren Sozialdemokraten. Der SPD-Vorstand mit dem früheren Lizenzträger Knothe an der Spitze wertete diesen FR-Beitrag als „Tiefststanderscheinung des öffentlichen Lebens".

Insbesondere den damaligen Bundesverteidigungsminister Franz Josef Strauß von der CSU hatte Gerold auf dem Kieker. Die Affäre um das Kampfflugzeug Starfighter mit 52 Abstürzen und 28 Toten trieb Gerold 1966 um. „Wir vollbringen Selbstmord nach innen", schrieb er dazu und bezeichnete die Verantwortlichen in Bonn, womit er auf Strauß zielte, als „Mörder von oben". Sein Zorn gipfelte in einem Leitartikel unter der Überschrift „Steh auf mein Volk" mit dem Aufruf: „Wehrt euch gegen diese Art von Mörderstaat."

Wegen des Führungsanspruchs Deutschlands in Europa, den er bei Strauß ausmachte, schlug Gerold 1970 so zu: Strauß habe sich „zu einem richtigen Neofaschisten zurückentwickelt. Wer Ohren hat zu hören, der höre: Hier spricht der Hitler, der dasselbe wollte und der in unserer Zeit durch Strauß am Leben ist." Strauß sei „zu genau derselben lüsternen Symbolfigur aller nationalistisch aggressiven Kräfte geworden wie es seine blutverschmierten Vorgänger auch waren."

Journalist, Verleger, Meinungsmacher: der junge Karl Gerold

Strauß klagte erfolgreich auf Unterlassung. Doch ein Jahr später wiederholte Gerold seine Attacke, nur geringfügig anders formuliert. Weil er Strauß' Ehre angegriffen habe, wurde er zu einer Strafe von 1200 Mark verurteilt. Das focht Gerold nicht an – im Gegenteil, er fühlte sich dadurch geehrt.

Im September 1967 hatte Gerold das Große Verdienstkreuz bekommen. Als kurz danach bekannt wurde, dass Bundespräsident Heinrich Lübke den spanischen Informationsminister Manuel Fraga Iribarne mit einem Orden für Verdienste um die deutsch-spanischen Beziehungen auszeichnen wollte und das just, als in Spanien Ausnahmezustand herrschte, gab er die Auszeichnung, begleitet von einem starken Kommentar in der FR, zurück. „Wenn die „Bonner Demokraten" Verdienstorden und Doktorhüte an Faschisten verteilen und von Faschisten annehmen, so will ich nichts, aber auch gar nichts, mit diesem schmählichen Vorgehen zu tun haben. Nie und nimmer kann ich einen Orden in Besitz haben, wenn meine Freunde, die spanischen Freiheitskämpfer, durch diejenigen im Zuchthaus sitzen, denen Ihr Eure Orden verleiht." Gerold hatte sich selbst im Spanischen Bürgerkrieg engagiert und noch bis in die 1970er Jahre spanische Freiheitskämpfer finanziell unterstützt.

Eine widersprüchliche Persönlichkeit

Zeitgenossen schildern Gerold als widersprüchliche, innerlich zerrissene, oft einsame und gerade deshalb auch charismatische Persönlichkeit. Er habe das Getümmel geliebt, aber auch die Einsamkeit in der Natur gesucht. So wie auf einer Faltbootreise, die er auf der Donau als Jugendlicher allein von Ulm bis ans Schwarze Meer unternommen hatte, von wo er allein zurück gewandert war. Sein Jugendfreund Erwin Lüscher: „Er war ständig auf dem Sprung. Es musste immer um etwas gehen. Er war von einer ungeheuren Aktivität wie ein Besessener, das kann man wohl sagen." In einem Gedicht bekundet Gerold: „In inneren Einsamkeiten bleibe ich als steter Suchender nicht in der eigenen Stille stehen." Sein Weckruf an sich selbst findet sich auch als Grundmelodie in seinen Leitartikeln: „Steh' auf für deine Überzeugung."

Der spätere Chefredakteur Werner Holzer: „Gerold hatte es sich zur Aufgabe gemacht, mit den Mitteln des Kleinkleckersdorfer Anzeigers ein Weltblatt machen zu wollen. Sein Zorn, der ihm nicht selten die Tasten führte, war ihm heilig. Kindergarten hat er die Redaktion genannt, freundschaftlich, nicht herablassend. Seine Mitarbeiter und Autoren sollten ihren eigenen Kopf haben und keine Ja-Sager sein."

Der Schriftsetzer Horst Sturm, Lehrling der ersten Stunde, der als Technischer Leiter der FR in Rente ging: „Gerold schrieb (Schreibmaschine) wie mit dem Hammer. Wo die Buchstaben a,c,e und o standen, war immer ein Loch. In seinem plötzlichen Zorn war er unberechenbar. In der Technik war er sehr beliebt, er war im Grunde ein bescheidener Mann. Aber auch misstrauisch und cholerisch. Man wusste nie genau, ob er etwas ernst meinte oder nicht. Nicht mal, wenn er jemanden aus heiterem Himmel kündigte, was häufiger passierte. Mich hat er auch zwei Mal rausgeworfen – und Stunden später wieder eingestellt. Da ich 1951 zum Jugendsprecher in den Betriebsrat gewählt worden war, hatte ich einige knallharte Auseinandersetzungen mit ihm. Aber wie heftig sie auch waren, er trug einem nichts nach."

Gerolds Führungsstil hatte auch diese Auswirkungen: Er ließ Ressortleiter am Samstag, dem eigentlich freien Tag für Tageszeitungsjournalisten, zu sich nach Hause kommen und über die Lage in Stadt, Land und Welt berichten. Dafür bekamen sie Eintopf. Aber Gerold war selbst nicht immer da. Er wohnte weiterhin in Basel und regierte viel von dort aus per Telefon. Normalerweise standen die Türen im langen Redaktionsflur offen, kommuniziert wurde im Kommen und Gehen. Aber es gab Tage, da waren die Gänge leer, die Türen zu. Das war, wenn die Pförtner gewarnt hatten: „Der Alte ist im Haus." Seite 3-Redakteur Gerhard Ziegler schwitzte, wenn er Gerold redigierte und dieser hinter ihm stand, und wenn Ziegler den Kuli für eine Korrektur anhob, gleich barsch fragte: „Gerhard, was willst du da machen?"

Impulse der FR

Zur ersten Bundestagswahl 1949 stellte die FR an zwei Stellen in Frankfurt Lautsprecher auf und unterrichtete die Bevölkerung laufend über die Wahlergebnisse. Zwischendurch wurden Sportnachrichten verlesen. Im Dezember 1949 gründete Gerold die weihnachtliche FR-Altenhilfe „Not gemeinsam lindern" und fast gleichzeitig wurde in der FR-Sportredaktion der „Schlappekicker", ein Hilfsfonds für in Not geratene Sportler, ins Leben gerufen. „Not gemeinsam lindern" hat bis heute weit mehr als 35 Millionen Euro an Spenden gesammelt, der „Schlappekicker" über 3,5 Millionen Euro. Beide Hilfsaktionen sind eigenständige gemeinnützige Vereine und damit rechtlich unabhängig von der *Frankfurter Rundschau*.

1949 schrieb Hans A. Nikel, der spätere Herausgeber der satirischen Zeitschrift *Pardon*, als erst 19-jähriger Redakteur für Politik und Kultur, den Leitartikel zur Wahl von Konrad Adenauer zum ersten Bundeskanzler. Nikel betreute auch den Schriftsteller Thomas Mann, als dieser zum ersten Mal aus dem Exil wieder nach Deutschland kam. 1951 lieferte Michael Mansfeld in einer Recherche erschreckende Einblicke in die Personalpolitik des Auswärtigen Amtes hinsichtlich ehemaliger Nazis. Ein parlamentarischer Untersuchungs-

*FR-Chef und Staatschef: Karl Gerold (Mitte) mit Bundespräsident Walter Scheel
(2. von rechts)*

ausschuss, den Karl Gerold daraufhin in einem Leitartikel gefordert
hatte, kam im Juli 1952 zu dem Ergebnis, dass nur fünf von 21 Über-
prüften uneingeschränkt für den Dienst geeignet seien.

1957 machte Peter Miska Furore mit einer Serie über Bestechung
bei der Beschaffung des Schützenpanzers HS 30 für die Bundeswehr,
was der *Spiegel* im Rückblick so würdigte: „Die Zuordnung der FR
zu einem politischen Lager stand journalistischen Höchstleistungen
aber nicht im Wege. Eine der wichtigsten war die Aufdeckung des
HS-30-Skandals." Die Rundschau hatte enthüllt, dass Schmiergeld
in Millionenhöhe unter anderem an CDU-Politiker und Beamte des
Verteidigungsministeriums geflossen waren. Auch dazu richtete der
Bundestag einen Untersuchungsausschuss ein, den die FDP aufgrund
der FR-Berichterstattung beantragt hatte. Der Ausschuss bestätigte
die Bestechungen.

1958 zeigte die Zeitung, wie viele und welche rechtsradikale Or-
ganisationen in der Bundesrepublik offen oder verdeckt aktiv waren.
1959 deckt FR-Redakteur Thomas Gnielka in einer Serie „Falschspiel
mit der Vergangenheit" Umtriebe von Rechtsradikalen ausgerechnet
in der hessischen Wiedergutmachungsbehörde auf. Gnielka war es

auch, der von Emil Wulkan, einem Überlebenden des KZ Auschwitz, Material bekommen hatte, das er an den hessischen Generalstaatsanwalt Fritz Bauer weitergab, was diesem die Ermittlungen für den historischen Auschwitz-Prozess möglich machte, der 1964 begann.

Aufstieg zum nationalen Leitmedium

In den 1960er Jahren beginnt der Aufstieg der FR von einer eher regionalen Zeitung zu einem bundesweit gefragten Leitmedium des kritischen Geistes und des sozialen und kulturellen Aufbegehrens gegen verkrustete Strukturen und für eine demokratischere Gesellschaft. Katalysatoren waren insbesondere die Proteste gegen die Große Koalition von CDU und SPD ab 1966 und ab 1968 die Studentenbewegung. Der einstige FAZ-Journalist Jürgen Busche erinnert aus seiner damaligen Studentenzeit: „Die Frankfurter Rundschau war einst prägend für das Land und besser als alle ihre publizistischen Rivalen" und „das Blatt, das man kennen musste, wenn man mitreden wollte".

Besonderen Anteil an dieser Profilierung hatte der stellvertretende Chefredakteur Karl Hermann Flach, der bis heute als Symbolfigur für den sozial-liberalen Aufbruch der FDP und als Vordenker der SPD-FDP-Koalition von Willy Brandt und Walter Scheel gilt. „Mag sein, dass ohne ihn das Blatt in eine sektiererische Haltung abgeglitten wäre", meinte der ehemalige FDP-Vorsitzende Hans Dietrich Genscher. Das ist sicher übertrieben. Aber ein Glücksgriff war es schon, dass Gerold Flach zur FR geholt hatte, wo dieser das Schlagwort links-liberal entwickelte, mit bis heute gültigen Inhalten füllte und so auch zum Mentor der zweiten Redakteursgeneration wurde.

Flach hatte in Rostock einst zum Kreis um den Radikalliberalen Arno Esch gehört, dem vom Sowjetischen Militärtribunal 1949 der Prozess gemacht worden war: Von 14 Angeklagten wurden damals acht zum Tode verurteilt; andere erhielten bis zu 25 Jahre Haft, einige in den berüchtigten GULAG-Lagern Sibiriens. Flach konnte fliehen, studierte in West-Berlin Politische Wissenschaft und wurde Wirtschaftsredakteur. Als Bundesgeschäftsführer der damals eher nationalliberalen FDP hatte Flach 1961 unter Erich Mende den Bundestagswahlkampf gemanagt, aber zwischen 1959 und 1962 auch versucht, die FDP für eine sozial-liberale Koalition mit der SPD Willy Brandts zu öffnen. Nach Differenzen mit dem Wehrmachtsoffizier und Ritterkreuzträger Mende, vor allem weil die FDP wieder in ein Kabinett Adenauer eintrat, wechselte Flach zur FR.

1971 kehrte er unter Walter Scheel als Generalsekretär der FDP in die Politik zurück und veröffentlichte sein Buch „Noch eine Chance für die Liberalen". Darin skizzierte er einen modernen Liberalismus und verlangte eine Reform des Kapitalismus wegen der immer größer werdenden Ungleichheit. Dazu gehörte auch, dass er schon damals Umweltschutz Vorrang vor Gewinnstreben zuerkannte. Flach: „Der Kapitalismus als vermeintliche logische Folge des Liberalismus lastet auf ihm wie eine Hypothek. Die Befreiung des Liberalismus aus seiner Klassengebundenheit und damit vom Kapitalismus ist daher die Voraussetzung seiner Zukunft." Mit einem Sit-in hatten Redaktionsmitglieder Flach 1971 vergeblich beschworen, er möge doch bei der Zeitung bleiben. Immerhin sagte Flach später: „Die Jahre bei der Rundschau waren die schönsten Jahre meines Lebens."

Wie die FR wahrgenommen wurde

„Als ich 1965 in Frankfurt am Main zu studieren begann, wurde einem zwar an jeder Ecke der Johann-Wolfgang-Goethe-Universität die FAZ als das Blatt der schon etablierten wie der kommenden Eliten aufgedrängt, zu sagenhaft günstigen Konditionen. Aber wie viele meiner Kommilitonen machte ich einen Bogen um das Blatt, dem wir eine gewisse scheue Achtung nicht verweigern konnten, das uns aber aus einer allzu heilen, allzu steifleinenen Bürgerwelt zu kommen schien. Man las stattdessen die Frankfurter Rundschau." So erinnert Thomas Schmid, einer der Studentenbeweger der ersten Stunde in Frankfurt, der als Journalist Karriere bis hin zum Herausgeber der *Welt*-Gruppe im Springer-Verlag machte.

Schmid fährt in seinem Artikel in der *Welt* so fort: „Die FR hatte im Namen, damals schon, etwas Gemütliches, auch Altbackenes – und es mag auch diese Rhein-Main-Provinzialität gewesen sein, die einen Teil der großen Attraktivität des Blattes ausmachte. Sie war eine Tageszeitung, in der die kleinen Leute, der Alltag, die Stadtteile vorkamen, die den überschaubaren Kosmos Frankfurts gut abbildete, das halb schon Metropole und halb noch Dorf war. Mit zwei Ausgaben täglich überwölbte sie das Stadtgeschehen: morgens die gründliche Tagesausgabe und am späten Nachmittag die schnelle, anzeigengetriebene Rundschau am Abend (auf deren Namen reimte man: erquickend und labend). Dass die Frankfurter Rundschau immer den milden Geist der Region verkörperte, erklärt nur zum Teil, warum sie so anziehend war."

Schmid weiter: „Anders als die Süddeutsche Zeitung, die immer schon für das runde, satte Bürgertum der Südmetropole geschrieben war und für die ein gewisses Halblinkssein einfach zum ortsansässigen Chic gehörte, war die FR eine Zeitung, die lange den Geist des Aufbruchs der späten 40er-Jahre atmete. (...) Man war, wenn auch oft sehr kritisch, für die neu gegründete Bundesrepublik und fühlte sich im Grundgesetz aufgehoben. Die Zeitung stand zwar ganz auf der Seite der Kräfte, die weder intensive Westbindung noch Marktwirtschaft oder Atombombe wollten – sie war aber realistisch genug, diese Haltung nicht zu überdehnen. Man mochte in der FR Adenauer nicht, respektierte ihn aber. Das hat auch mit dem Geist der Stadt zu tun. Sie hat nichts Hitziges, Hass- und Avantgarde-Reden sind im Frankfurter Idiom kaum denkbar, das immer Entwarnung signalisiert und gerne fünfe gerade sein lässt. (...) Der gezähmte, der zur Arbeitnehmerheimat entschärfte und sozialpolitisch möblierte Kapitalismus war das Ideal der FR."

Inhaltliche und formale Stärken

Entschiedener als die meisten anderen Zeitungen war die FR gegen Aufrüstung, ergriff gegen den Vietnam-Krieg Partei, warb für die Anerkennung der Oder-Neiße-Grenze und früher als andere schrieb sie DDR ohne Anführungszeichen. In der Innenpolitik baute die FR auf drei starke Säulen: Rechtspolitik, Bildungspolitik, Sozial-, Arbeitsmarkt- und Tarifpolitik. Weitere Stärken in der Berichterstattung waren innerparteiliche, innergewerkschaftliche und innerkirchliche Demokratie. Die Auslandsberichterstattung widmete sich vor allem der Friedenspolitik zur Überwindung des Kalten Krieges sowie der „Dritten Welt", hier insbesondere Afrika, und der Entwicklungspolitik.

Zum 30. November 1967 zählte die FR 6299 Studentenabos. Die Zahl stieg schnell. Feuilletonchef Horst Köpke wies 1970 darauf hin, dass die FR „als erste Zeitung die Bedeutung des Ausbaus unseres Bildungswesens erkannt hat", fügte aber hinzu: „Übrigens wollen wir eine Erfahrung nicht verschweigen, die uns zuweilen bedrückt: Gewinnbringend oder auch nur kostendeckend ist die Pflege der

Bildungspolitik nicht. Breite Leserschichten sind mit ihr nicht in helle Begeisterung zu versetzen. Studentenabonnements indessen sind ein echtes Opfer für die Bildung, die der Verlag bringt." Die Folge illustriert das Protokoll der Verlagsbesprechung vom 9. Juli 1970: „Die Konferenz diskutiert über die stärkere Zunahme der Studentenabos in den letzten Wochen." Und der Verlag entschied, den Studentenpreis von 3,75 auf 4,80 und im Postvertrieb von 4,40 auf 5,60 Mark zu erhöhen, mit dem Hintergedanken, so die kostenträchtige überregionale Ausweitung zu dämpfen.

In diesen Jahren war die FR aber auch ökonomisch erfolgreich. Am 2. November 1968 war sie so stark mit Anzeigen bestückt, dass sie erstmals mehr als 100 Seiten Umfang hatte. Hans-Michael Rathert, der zum 1. Januar 1969 Nachrichtenchef wurde, sorgte dafür, dass von allerorten Studierende mit journalistischen Ambitionen oder junge Journalisten über Demos und Teach-ins berichteten. Rathert entwickelte auch die Rubriken „Im Wortlaut", „Im Blickpunkt", „Im Hintergrund", „Im Porträt" und führte damit erstmals in Deutschland die Form der news analysis aus der anglo-amerikanischen Presse ein. Ebenso war die tägliche Dokumentationsseite seine Idee.

Distanz und Nähe prägten in diesen Jahren das Verhältnis der Zeitung zur Außerparlamentarischen Opposition (ApO). Karl Grobe, FR-Redakteur für Außenpolitik, schildert es so: „Nicht von ungefähr traten junge Journalisten in die FR-Redaktion ein, die in dieser Opposition aktiv gewesen waren und es zum Teil blieben. Junge Redakteure und ständige Mitarbeiter, die tagsüber mit Kollegen heftig diskutierten, saßen abends oft in Versammlungen der linken politischen Szene. Sie beobachteten, trugen der Redaktion die Stimmungen und Argumente vor, diskutierten sie, sortierten und verwarfen auch, was sie erfahren hatten. Wohl zu keiner anderen Zeit ist die FR-Reaktion so sehr von dem intensiven Austausch der Meinungen bestimmt gewesen."

Das „Grundgesetz" der FR und der Streit um Mitbestimmung

Das ‚Hineinschwappen' der 68er Bewegung in die FR gab für Karl Gerold den Anstoß, die Haltung der Zeitung zu kodifizieren. In diesem von Flach und Hans-Herbert Gaebel, dem zweiten stellvertretenden Chefredakteur, konzipierten „Grundgesetz" der Zeitung, das Bestandteil aller Arbeitsverträge wurde, ist festgeschrieben: „Die

Frankfurter Rundschau ist eine unabhängige Tageszeitung. Ihre Grundhaltung ist sozial-liberal (links-liberal) ... Sie tritt für eine ständige Reform unseres Gemeinwesens ein, um es im Zuge der gesellschaftlichen Entwicklung moderner, liberaler und sozial gerechter zu gestalten. Sie tritt – unabhängig von der Beurteilung ihrer sachlichen Ziele – für die Rechte der Minderheiten ein, auch für ihr Recht, sich zu organisieren und für ihre Auffassungen zu werben. Sie will Kritik üben und dazu beitragen, öffentliche Gewalten und private Mächte zu kontrollieren. Sie will das Tagesgeschehen im Sinne ihrer Grundhaltung engagiert kommentieren und analysieren, um ihre Leser in Zustimmung, Abwägung oder Widerspruch zu eigener Meinungsbildung anzuregen." Der Schlusssatz lautete, häufig zitiert in den folgenden Jahrzehnten als Warnung vor einer Verengung der Themenpalette: „Daneben dient die Frankfurter Rundschau auch zur Unterhaltung ihrer Leserschaft."

1968 und die folgenden Jahre waren die Zeit, in der auch von Willy Brandts „mehr Demokratie wagen", von Mitbestimmung und Pressefreiheit in einem Atemzug die Rede war. Neben Themen wie innere Demokratie in Parteien, Gewerkschaften, Verbänden und Betrieben waren die Gefahren der Pressekonzentration und der Ruf nach Redaktionsstatuten zur Gewährleistung der inneren Pressefreiheit, also der Unabhängigkeit der Redaktionen von der Verlagsleitung, die bewegenden Themen. In vielen Zeitungsverlagen gab es Debatten um ein Redaktionsstatut, auch für Mitbestimmung bei der Bestellung von Chefredakteuren und Ressortleitern. So auch in der FR.

Das von der Redaktion ausgearbeitete Statut beschränkte sich nicht auf Mitbestimmung bei der Berufung von Chefredakteur und Ressortleitern, es beinhaltete auch, dass im Falle umstrittener Entscheidungen von Ressortleitern oder der Chefredaktion ein gewählter Redakteursausschuss angerufen werden konnte. Dieser hätte zu beurteilen, ob ein Beitrag der Linie des Blattes entsprach oder nicht. Dieser Anspruch auf Mitbestimmung wurde so begründet:

„Die Redakteure haben den (ideellen und materiellen) Wert der Frankfurter Rundschau mitgeschaffen; durch ihre tägliche Arbeit tun sie dies weiterhin. Die Redakteursversammlung ist das oberste meinungsbildende Organ der Redaktion. Sie dient der permanenten Klärung des Selbstverständnisses der Redakteure, der politischen und journalistischen Haltung der Redaktionsmitglieder in allgemeinen und speziellen Fragen. – Ein Mitglied der Redakteursversammlung, das mindestens drei Jahre im Haus ist, muss Mitglied der Geschäftsleitung (mindestens Prokurist) sein.

Verlagsleitung und Redaktionsversammlung sind sich darüber einig, dass der Platz für den redaktionellen Teil nicht weiter eingeschränkt, sondern ausgebaut wird. Um zu garantieren, daß die Linie der FR auch in Zukunft im Sinne dieses Statuts erhalten bleibt, empfiehlt die Redakteursversammlung, in vertrauensvoller Zusammenarbeit mit dem Herausgeber einen Weg zu finden, der sich an dem *Le Monde*-Modell oder an einer von Karl-Hermann Flach in seinem Buch „Macht und Elend der Presse" vorgeschlagenen Journalistengenossenschaft, die über eine Sperrminorität verfügen soll, orientiert.

Am 2. Juni 1969 billigte die Redaktionsversammlung den Entwurf. FR-Nachrichtenredakteur Hans Lerchbacher überbrachte ihn Karl Gerold mit den Worten: „Chef, so geht das nicht, Sie können sich nicht in der Zeitung für den Liberalismus so stark machen und in der Zeitung so selbstherrlich bleiben." Gerold, so erzählte Lerchbacher, sagte nichts, ging, kam nach einer halben Stunde wieder und sagte: „Junge, ich schmeiß dich raus, du bist gekündigt." Lerchbacher ging wieder an seine Arbeit. „Nach gut einer weiteren halben Stunde kam Gerold zu mir und sagte: Du bist wieder eingestellt."

Aus der weiteren Diskussion entstand ein neuer Vorentwurf von Karl-Hermann Flach. Überliefert ist diese Reaktion Karl Gerolds: „Bei mir gibt es keinen Kommunismus. Ich will jederzeit jeden, den ich möchte, vor die Tür setzen können, wenn es sein muss, auch dich, Karl-Hermann." Am 10. November 1970 wurde eine Delegation für die Verhandlung mit Gerold gewählt. Erst am 4. Oktober 1971 kam es zu einem ausführlichen Gespräch mit ihm, das zu einem fast unterschriftsreifen Ergebnis führte. Aber Gerold legte es doch in die Schublade und sagte, er wolle noch mal darüber nachdenken. Am 25. April 1972 gab die Delegation ihren Auftrag an die Redaktion zurück. Die Vollversammlung wählte aber trotzdem einen neuen Redaktionsausschuss.

Die Lage änderte sich, als Gerold 1973 gestorben war und Werner Holzer Chefredakteur wurde. Er, der neue Zeichen setzten wollte, sagte der Redaktion: „Wir tun einfach so, als wäre das Statut vom Verlag schon beschlossen – ich halte mich dran." Er tat es tatsächlich. So ließ er sich beispielsweise vom Redakteursausschuss vorladen, um zu begründen, warum er die Veröffentlichung einer Fernsehkritik untersagt hatte, die sehr hart einen ARD-Beitrag kritisierte, der die

Apartheid-Politik in Südafrika verharmloste. Holzer wurde gerügt, seine Entscheidung ohne Gespräch mit dem Redakteur getroffen und sich nicht um eine Einigung bemüht zu haben.

Die Verhandlungen über das Redaktionsstatut wurden mit der Verlagsleitung nach Gerolds Tod wieder aufgenommen. Die Verlagsleitung wollte die Mitbestimmung bei der Bestellung des Chefredakteurs nicht explizit im Statut festgeschrieben wissen, aber als Protokollnotiz akzeptieren, um nach außen das Gesicht zu wahren und nicht zu offenbaren, dass der Verlag freiwillig seine Macht beschnitten hat. Dazu gab es dann eine Vollversammlung, die sehr turbulent verlief. Die einen wollten lieber „den Spatz in der Hand als die Taube auf dem Dach", die anderen „alles oder nichts" – im Ergebnis also nichts. Diese Fraktion setzte sich knapp durch. Damit war das Thema Redaktionsstatut für innere Mitbestimmung in der FR ein für alle Mal erledigt. Immerhin hatte die Redaktion zehn Jahre damit arbeiten können. Es gab in der ganzen Republik überhaupt nur zwei solcher Mitbestimmungsstatuten, beim *stern* und bei der Tageszeitung *Mannheimer Morgen*, beide sind aber nur kurze Episoden geblieben.

Redaktion und Verlag im Dauerzwist

Schon bald nach dem Tod Gerolds verstärkte sich Mitte der 1970er Jahre die Dauerspannung zwischen Redaktion und Verlag darüber, ob die regionale oder die überregionale Ausgabe Vorrang haben sollte. Nur regional wäre die Zeitung zu klein gewesen und hätte nicht die vielen Stellenanzeigen bekommen, die eine der wichtigsten Einnahmequellen waren. Nur überregional, ohne Verankerung in der Region, ließ sich die Rundschau noch weniger vorstellen. Sie musste also immer beides zugleich sein, Regionalzeitung und überregionale Zeitung. Wie tief die Auseinandersetzung ging, zeigt ein Vermerk des Leiters der Nachrichtenredaktion, Hans-Michael Rathert, vom 3. Januar 1974:

„Im Haus herrscht seit einer Reihe von Jahren Uneinigkeit in der Frage, welche Leser die FR eigentlich ansprechen soll.

a): Soweit erkennbar, hat die Verlagsspitze (natürlicherweise) die Anzeigenkunden im Blickfeld, die zu fast 100 Prozent im Rhein-Main-Gebiet angesiedelt sind. Besonders bei der Behandlung von Detailfragen kommen immer wieder Bedenken des Verlagsmanagements gegen die unter Karl Gerold initiierte und auch unter wirtschaftlichen Opfern forcierte überregionale D-Ausgabe zur Geltung. Die Redaktion vermißt ernsthafte Versuche, überregionale Anzeigen (Universitäten, Verlage, Personalanzeigen für Zielgruppe akademische Jugend) zu erhalten. Häufig wird von Redaktionsmitgliedern sogar vermutet, dass der links-liberale Kurs in der Verlagsspitze weniger auf ökonomischen als auf politisch-ideologischen Widerstand stößt. (...)

b) Die Redaktion (insbesondere in den Ressorts der Politik und der Kultur) ist sehr stark auf die Deutschland-Ausgabe fixiert (...). Hier schlägt sich journalistische Leistung in Ansehen und Auflage nachweisbar und sehr direkt nieder. Dass eine große D-Ausgabe wirtschaftliche Probleme aufwirft, wird nur zögernd zur Kenntnis genommen; bei einigen Redaktionsmitgliedern hat die Erkenntnis zu außerordentlicher Resignation geführt. Die Anstrengungen im Rhein-Main-Gebiet wurden allgemein erst akzeptiert, als versprochen wurde, dass sie nicht auf Kosten der D-Ausgabe gehen würden.

Fazit: Die Frankfurter Rundschau (Verlag, Technik, Redaktion) hat kein gemeinsames Selbstverständnis."

Um der Gesellschaft „etwas zurückzugeben", was ihm einst durch die Lizenz der US-Armee zugefallen war, hatte Gerold noch in die Wege geleitet, dass die FR in eine Stiftung überführt wurde. In der Satzung der 1975 gegründeten Karl-Gerold-Stiftung wurde die Herausgabe auch einer Deutschland-Ausgabe als unabdingbarer Teil des Kerngeschäfts festgeschrieben. Der neue Verlagschef Horst Engel machte es in den kommenden, besseren Jahren möglich, dass sich der regionale und überregionale Teil einigermaßen gleichberechtigt weiter entwickeln konnten.

Springer-Verlag stützt die FR

Das ökonomische Geheimnis der FR war, dass sie erscheinen konnte, obwohl sich die Ausgaben von Montag bis Freitag nie „gerechnet" haben. Es war die Samstagausgabe mit den dicken Anzeigenpaketen, vor allem dem Stellenmarkt, die auch die Ausgaben von Montag bis Freitag mitfinanzierte. Und die Druckerei aus ihren Gewinnen.

Bis Mitte der 1970er Jahre waren Druckerei und Zeitung in einem Haus, in Frankfurt, an der Traditionsadresse Große Eschenheimer Straße 16-18. Als es hier zu eng wurde, wurde für 20 Millionen Mark eine neue Druckerei am Waldrand von Neu Isenburg gebaut.

Neben dem Neubau machten der FR Lohnerhöhungen und Steigerungen bei den Papierpreisen zu schaffen. Die überregionale Auflage von knapp 50 000 Exemplaren bei einer Gesamtauflage von 185 000 schlug mit monatlich 700 000 Mark minus zu Buche. In dieser ersten wirklich ernsthaften Existenzkrise retteten 1976 der Springer-Konzern und die gewerkschaftliche Bank für Gemeinwirtschaft (BfG) die Rundschau. Springer mit einem langfristigen Druckauftrag für seine Zeitungen *Bild*, *Welt* und *Welt am Sonntag*, die BfG mit dem notwendigen Kredit für den Ausbau der technischen Kapazitäten.

Die neue Druckerei war erfolgreich, weil sie die größte und modernste Vier-Farb-Zeitungsdruckerei in Europa war. Von der Qualität zeugt, dass Druckereileiter Fleißig ein bundesweit gefragter Berater wurde und sein Nachfolger Clemens Mühl Neuerungen entwickelte, die er patentieren lassen konnte. Zeitweise wurden in Neu Isenburg 2,5 Millionen Zeitungsexemplare pro Nacht und Tag gedruckt, von denen die FR weniger als ein Zehntel ausmachte.

Das Dreigestirn Holzer, Gaebel, Wolf

Die Persönlichkeiten, die in den 70ern bis Anfang der 90er Jahre in Redaktion und Verlag das Sagen hatte, waren in der Nazi-Zeit aufgewachsen und hatten den Krieg als Jugendliche und Kinder nicht nur zu Hause miterlebt, sondern teils selbst noch mitmachen müssen. So auch das Chefredaktions-Dreigestirn Werner Holzer, Hans-Herbert Gaebel und Horst Wolf.

Von 1973 bis 1992 leitete und prägte Holzer die FR als Chefredakteur. Seine Berufung hatte Gerold vor seinem Tod verfügt. Holzer, als Soldat noch im April 1945 schwer verwundet, war von 1953 bis 1964 Chef vom Dienst, danach als Sonderkorrespondent für die FR und die *Süddeutsche Zeitung* in der Welt unterwegs gewesen. Er machte sich einen Namen als Stimme der „Dritten Welt", weil er Wert darauf legte, diesen Ländern zu mehr Selbstbewusstsein im Umgang mit den Industrienationen zu verhelfen. Auf Reisen durch Afrika, Asien, Lateinamerika und auch die USA beobachtete und analysierte er die Rolle der Industrieländer und ihre Interessen gegenüber den Entwicklungsländern, und in vielen Reportagen berichtete er über die Auswirkungen der Kolonialzeit sowie über Rassenkonflikte. Er schrieb darüber Bücher und wurde mehrfach ausgezeichnet.

*Chefredakteur mit Welterfahrung: Werner Holzer (links) im Gespräch mit Außen-
minister Hans-Dietrich Genscher (FDP) im Frankfurter Presseclub*

„Holzer führt seine Redaktion durch Diskussion und Anregung. Auch wenn er in der Sache hart auftritt, bleibt er in der Form immer verbindlich. Ein autoritärer Chefredakteur wäre bei dieser Zeitung undenkbar." So der Journalist Ludwig Maaßen im Bayerischen Rundfunk 1981. Holzer selbst äußerte sich im Gespräch mit Maaßen so: „Die Zeitung entsteht durch die Zusammenarbeit einer ganzen Gruppe, einer relativ großen Gruppe von Leuten, die man nicht alle über einen Kamm scheren kann, die auch nicht alle dieselbe Meinung haben, die aber sich zu einem Konsens, zu einer gewissen Übereinstimmung in wesentlichen Fragen durchdiskutiert haben, und diese Diskussion in Gang zu halten. Auch, wenn die Grenzen dessen festzulegen sind, was diese Zeitung vertritt, das ist eine Aufgabe des Chefredakteurs und das mögen manche nicht so gern. (...) Aber wesentlich scheint mir diese Frage der ständigen Diskussion in einem Haus, selbst wenn es manchmal ungewöhnlich anstrengend und zeitraubend ist, diese Diskussion immer wieder zu führen und immer wieder mit Neuen und Jungen, die dazu kommen."

Könige waren die Ressortleiter. Karl Gerold hatte auf die Besetzung von Stellen so gut wie keinen Einfluss genommen. Auch Holzer ließ lange Leine. Ein FR-Redakteur in derselben Sendung: „Wir haben hier eher zu viel Freiheit als zu wenig. Manches läuft hier sehr schlampig. Aber das macht die Arbeit andererseits äußerst angenehm." Wie der spätere Chefredakteur Reifenrath es sah, wurde zum geflügelten Wort: „Kinder, ihr wisst gar nicht, wie gut ihr es hier habt."

Kulturkritik als vorwärtstreibender Impuls

Das Feuilleton mit den drei prägenden Kritikern Peter Iden, Wolfram Schütte und Hans-Klaus Jungheinrich nutzte die innere Liberalität in der Redaktion seit den 70er Jahren zu eigenen prägenden Akzenten. Über das kritisch-distanzierte Rezensieren, das Analytisch-Bilanzierende hinaus, war deren Journalismus zugleich engagierte Kulturpolitik, die Impulse gab und künstlerisch-ästhetische Zeichen im Kulturbetrieb setzte. Insbesondere Iden und Schütte waren Beobachter und Akteure, wertende Instanzen und inspirierende Mentoren in Personalunion.

Dieses Rollenspiel zwischen Theorie und Praxis hat Iden zur Mitarbeit an der documenta (vor allem d5 und d6) geführt, es hat ihn zum Mitinitiator des wichtigsten Theateravantgarde-Festivals der 60er und 70er Jahre, der „Experimenta", werden lassen. Und Iden war auch wichtiger publizistischer Wegbegleiter der Neuen Kulturpolitik des prägenden Frankfurter Kulturdezernenten Hilmar Hoffmann gewesen, was die Stadt zum Epizentrum und Modell einer kulturbasierten Stadtentwicklung und ihn selbst zum Museumsdirektor auf Zeit beförderte.

Ohne Wolfram Schütte, sein ambitioniertes Verständnis einer wissenschaftlich-analytischen Filmkritik, seine engagierten filmpolitischen Artikel hätte es die aufstrebende universitäre Disziplin der Filmwissenschaft so nicht gegeben. Wie Iden kannte Schütte den Kulturbetrieb von innen heraus – ob Berlinale oder akademisches Seminar: Er war als gefragter Protagonist dabei. Ähnlich war es mit dem studierten Dirigenten und Komponisten Jungheinrich: die publizistische Praxis, das wertende Urteil gründete auf künstlerischem Erfahrungs- und Handlungswissen.

All das hat das Feuilleton der FR für eine skeptische und kritische Generation weit über ein enges politisch-linkes Spektrum hinaus zu einem besonderen Forum der Orientierung werden lassen. Zu einem Ort der kulturellen Positionsbestimmung in wandlungsdynamischen

Straßenfest zum 50-jährigen der FR 1995: Chefredakteur Werner Holzer (rechts) im Gespräch mit der Familie des Frankfurter Planungsdezernenten Martin Wentz (SPD)

und widersprüchlichen Zeiten – gerade auch als Alternative zur bürgerlichen FAZ, dem großen Konkurrenten am Standort Frankfurt.

Aus dem Innenleben der Redaktion

Jeder ehemalige Redakteur, jede ehemalige Redakteurin hat seine/ihre eigene Erfahrungsgeschichte. Jedes Ressort seine eigene Geschichte. Bei aller Verbundenheit im „Geist der FR", bei allen gemeinsamen Konferenzen und bei allem gemeinsamen Feiern führte doch im Alltag jedes Ressort eher sein eigenes Leben als jeweiliger Mikrokosmos. Für die Chefredakteure Holzer und nach ihm Reifenrath war es nicht immer leicht, die bunten Stimmungen in der Balance zu halten. Sie hatten mit vielen auch anstrengenden Kollegen und Kolleginnen zu tun. Insbesondere Reifenrath hat – jedenfalls nach außen so scheinend – mit Gelassenheit viele Spannungen ausgeglichen, ausgehalten, wohl auch erlitten, aber auch immer den produktiven Diskurs gefördert.

Insbesondere die Nachrichtenredaktion war ein Ressort voller eigensinniger Individualisten. Stefan Simons, später Korrespondent für den *Spiegel* in China und Paris, hat die Atmosphäre in einem Brief sehr gut getroffen: „Einen heterogeneren Haufen von Interessen, politischen Ausrichtungen und Charakteren könnte man sich gar nicht einfallen lassen. Welch ein Käfig voller Narren und Persönlichkeiten und was ein Spaß, in einem solchem Haifischbecken der Eitelkeiten das Geschäft des Nachrichten-Machens zu lernen."

Gerd Bucerius, Verleger der *Zeit*, stellte einst fest: „Ein gutes Blatt kann man nur mit einem Haufen Halbverrückter machen." Verrückt waren sie in der FR-Nachrichtenredaktion wohl nicht, aber doch schon irgendwie besessen von der Mission kritische Aufklärung und Einmischung. Pitt von Bebenburg, heute landespolitischer Korrespondent in Wiesbaden, über seine Zeit als Volontär dort Anfang der 80er Jahre: „Wir erledigten unsere Arbeit mit einer Sorgfalt, als hinge das Wohl und Wehe der Welt davon ab. Nicht dass Saddam Hussein oder George Bush auf uns gehört hätten. Aber nicht nur in Frankfurt, auch in der Bundeshauptstadt Bonn, in Wiesbaden, Hamburg oder Berlin zählte die Stimme der Rundschau tatsächlich viel. Während die Bild-Zeitung Saddat als den Irren von Bagdad geißelte, versuchten wir die Hintergründe auszuleuchten. Täglich warnten wir die Leserinnen und Leser zugleich an prominenter Stelle, dass eine Wahrheit zu Kriegszeiten nicht wirklich herauszufinden sei, weil die Informationen vom Militär zensiert würden."

Im 1980er Jahrzehnt hatte die FR beim Thema Umweltschutz die Zeichen der Zeit zunächst nicht so recht erkannt, stieg dann aber derart intensiv ein, als sei sie von Anfang an vornedran gewesen. Jungredakteur Joachim Wille, 2015 mit dem Bundesverdienstkreuz für sein umwelt- und klimapolitisches publizistisches Engagement ausgezeichnet, hatte begonnen, Umweltschutz auf der Seite „Aus aller Welt" zu pflegen. Chefredakteur Holzer mokierte sich darüber („Der soll nicht so viel dazu machen"), doch die Nachrichtenredaktion bestärkte Wille und machte sich das Thema auch auf ihrer Seite 1 zu eigen. Wille wurde zu einer zentralen FR-Marke. Mochte dagegen der Redakteur für Wissenschaft und Technik auf „seinen" Seiten in der Wochenendbeilage „Zeit und Bild" auch anfangs noch die Atomkraft propagieren: diese interne Auseinandersetzung führte dazu, dass Reifenrath für die Redaktionsleitung die Zuständigkeit für Atomkraft dem Redakteur entzog und Wille übertrug.

Noch so ein Konflikt: der Umgang mit der Friedensbewegung, zugespitzt zwischen zwei nebeneinander sitzenden engen Freunden in der Nachrichtenredaktion, dem auch als Podiumsdiskutanten stark nachgefragten Unterstützer Anton-Andreas Guha und dem für Sicherheitspolitik und Bundeswehr („Bürger in Uniform") zuständigen Oberstleutnant der Reserve Ulrich Mackensen, der sich über die Friedensbewegung als „buntes Sammelsurium" mokierte. Die Auseinandersetzungen drehten sich vor allem um den Streit zur Nachrüstung (Pershing 2-Raketen). Bei der Großdemonstration der Friedensbewegung in Bonn 1981 allerdings kam die Teilnahme aus der FR-Redaktion einem Betriebsausflug gleich.

Der Irak-Krieg 1990/91 ließ dann in der FR eine bis dahin unbekannte Spannung zwischen Pazifismus und Bellizismus aufflammen. Ein Leitartikel eines Seite 3-Redakteurs, der Verständnis für den Krieg zum Ausdruck brachte, nötigte andere, über das eigene Selbstverständnis intensiv nachzudenken. Die Auseinandersetzung wurde in einer großen Redaktionskonferenz ausgetragen, sehr emotional, aber auch sachlich, gründlich und klärend. Eine bewegende Auseinandersetzung gab es auch darüber, ob Bonn oder Berlin Hauptstadt des wiedervereinigten Deutschland sein sollte. Chefredakteur Reifenrath ging schließlich einige Tage in Klausur und tat dann per Leitartikel kund, dass und warum Berlin Hauptstadt werden müsse.

FR und DDR, eine besondere Beziehung

Es war auch ein publizistischer Glücksfall, dass die Rundschau 1977 Karl-Heinz Baum als DDR-Korrespondenten in Ost-Berlin akkreditieren ließ. Mit ihm hatte die Zeitung die DDR auf besondere, einzigartige Weise im Blick. Mit seinen Berichten und Reportagen hat sich Baum „in die Rolle einer lebenden Legende geschrieben" (so Richard Meng in der Zeitschrift *Neue Gesellschaft/Frankfurter Hefte*). Sogar das vormalige SED-Organ *Neues Deutschland* würdigte später sein tiefes Eintauchen in die Gesellschaft und das Machtgeflecht im Osten Deutschlands: „Die DDR-Führungsriege hätte Baums Reportagen akribischer lesen sollen. Aber auch im Westen hätten die differenzierten, die Mentalität der DDR-Bürger recht gut einfangenden Artikel aufmerksame Leser finden sollen, dann wäre manche Überraschung nach der deutschen Vereinigung den vermeintlichen Siegern der Geschichte erspart geblieben."

Rot-Grün in Hessen 1992: Das Regierungsduo Hans Eichel (Ministerpräsident, SPD) und Joschka Fischer (Umweltminister, Grüne) im Gespräch mit den FR-Redakteuren Roderich Reifenrath (links) und Wolf Gunter Brügmann (rechts)

Persönliche Kontakte zu Menschen vor Ort suchen und finden, sie treffen, mit ihnen reden, ihnen zuhören, das war seine Strategie. Richard Meng: „Mit seinen Reportagen zeigte er die menschlichen Seiten auch abstrakter Themen, Alltagswitz und Alltagsqual, Chuzpe und Zufall, Durchwursteln und auch ein manchmal schier unglaubliches Maß an Unfähigkeit auf der Staatsseite. Baum war mindestens so findig im Austricksen der Stasi-Agenten wie diese beim Beobachten des Lebenskünstlers Baum."

In Baums Stasiakte steht: „Die ständige Unordnung in seinem Büro ist eine bewusste Abwehrmaßnahme gegen konspirative Wohnungsdurchsuchungen." Und: „Er versteht es, seinem Gesprächspartner zuzuhören und so Informationen zu sammeln, die er analytisch verarbeitet. Er kann wirklich schreiben, er beherrscht die Schriftsprache ohne ‚akademische' Beengungen, sein Stil ist genau und locker. Entfernt von ‚akademischer Pedanterie' und ‚politischer Aggressivität' ist er gerade deshalb sehr gefährlich. Mit ‚Bauernschläue' vermag er aus politisch sorglosen DDR-Bürgern all das herauszuholen, was für

ihn interessant ist." Als „Hervorstechendes in seinen Lebensgewohn-
heiten" ist zu lesen: „Die Fähigkeit nachts, ja bis in frühe Morgen-
stunden zu arbeiten, bei Müdigkeit in jeder Position schlafen zu können, im Halbschlaf akustische Informationen aufzunehmen."

Teure Fehlentscheidung

Mehr Lesepublikum und mehr Abos – das war die Herausforderung
ab Ende der 1980er und in den 1990er Jahren. Umfrageergebnisse
belegten den Zwiespalt. Im überregionalen Bereich hatten über 90,
in der Region Frankfurt etwa 60 Prozent der Leserinnen und Leser Hochschulabschluss oder Hochschulreife, ein durchschnittliches
Haushaltsnettoeinkommen von 4000 Mark und mehr, sowie eine
klare rot-grüne Orientierung. In Frankfurt gaben aber immerhin 40
Prozent der FR-Leserschaft an, CDU-Wähler zu sein, vor allem „kleine Leute", denen die FR wegen der Lokalberichterstattung in ihren
vielen Stadtteilausgaben wichtig war. Und: Ein großer Teil der Leserschaft war mit der FR „in die Jahre" gekommen, manche Jüngere
bevorzugten die 1979 gegründete neue Tageszeitung *taz*.
    Mit neuen Formen und Inhalten sollten jüngere Leute gewonnen
werden. Zunächst mit einer neuen Wochenendbeilage. Das erste Edi-
torial enthielt ganz unverblümt einen Seitenhieb gegen die traditionelle Leserschaft. Eine Absage an „die Bedenkenträger mit den ewig
gerunzelten Sorgenfalten über das Unvermögen in der Welt". Zugleich sollten neue, anspruchsvolle Beilagen, täglich vier Seiten aus
einem anderen Ressort, die traditionelle Leserschaft halten. Zudem
ließen sich Verlagsleitung und Chefredaktion mit der Debatte um die
„neue Mitte" von einer Marketingagentur auf einen verhängnisvol-
len Weg locken.
    Seit 1962 gab es die am frühen Nachmittag erscheinende *FR am
Abend*. Diese Ausgabe war nötig geworden, weil starke Anzeigenkunden, etwa der Kaufhof, meinten, man solle beim Preis doch die
überregionale Ausgabe abziehen, denn man hätte ja nichts davon,
die Frankfurter Angebote auch etwa in Hamburg oder sonstwo verbreitet zu wissen. Und da man dort auch mit anderen Angeboten
und Preisen werbe, sei das zudem kontraproduktiv. So diente die *FR
am Abend* vor allem dazu, den Anzeigenpreis zu stabilisieren, indem
die Auflage in der Region erhöht wurde. Vorteile für die Leserschaft:
Für kleines Geld gab es nachmittags fast die gesamte Zeitung vom

Morgen mit drei neuen aktuellen Seiten. Und die Wohnungsanzeigen der Samstagausgabe waren schon am Freitag ab 14 Uhr zu haben, was mit Verkaufsbeginn immer zu langen Schlangen vor dem Rundschau-Haus führte.

Die FR *am Abend* wurde neu aufgestellt, hieß nun „City", Die Hoffnung war, mit einer gehobenen Boulevardzeitung, mit viel Service und Veranstaltungshinweisen jüngere Leute zu erreichen, die „in den Hochhäusern" arbeiten, im Umland wohnen und pendeln, und auch wissen möchten, was die Stadt an „Lifestyle"-Freizeit zu bieten hat. Für „City" wurde eine viel zu große und zu teure Redaktion eingerichtet. Dieses Unternehmen wurde zu einem Riesenflop mit hohen Verlusten.

Die Krise nimmt ihren Lauf

Von da ab nimmt die Krise ihren Lauf, ab 2000/2001 gerät die FR immer mehr in Not. Wie andere Zeitungen wird auch sie durch den Einbruch vor allem bei Stellenanzeigen gebeutelt. Aber auch die Abwanderung der Kleinanzeigen (Wohnungen, Autos usw.) ins Internet, die bei der FR immer viele Seiten und damit die Kassen gefüllt haben, trifft die Zeitung schmerzhaft. Der Autoverkauf verlagert sich zudem auch auf neue freie Automärkte am Stadtrand.

Die FR lebt nun von der Hand in den Mund. Gerade in dieser Zeit wären Modernisierungsinvestitionen in Druckerei, Vertrieb und Verlag fällig, die andere Zeitungsverlage schon hinter sich haben. Doch die FR verfügt über keine Rücklagen. Hilfreich sind zunächst noch die Druckaufträge, auch für die *Zeit* und das *Handelsblatt*. Doch Druckkunden wollen ihre Aufträge nur verlängern, wenn die Preise um bis zu zehn Prozent gesenkt werden. 2002 verliert die Druckerei mehrere Großaufträge, die Hälfte des Umsatzes. Der Kreditrahmen ist ausgeschöpft. Die Gläubigerbanken erwirken, dass die Geschäftsführung alle Macht an einen Generalbevollmächtigten abgibt.

Ein erster Rettungsversuch aus der Redaktion heraus läuft ins Leere. Die Industriegewerkschaft Metall wird als Investor angefragt, winkt jedoch ab: In einer Zeit, in der die Gewerkschaften allerorten gegen Massenentlassungen kämpfen, könne man es sich nicht leisten, in ein Unternehmen einzusteigen, bei dem als erste Maßnahme Massenabbau beim Personal nötig wäre. Vorher hatte die Beteiligungsgesellschaft der Gewerkschaften (BGAG) mal von sich aus Interesse an einer stillen Beteiligung signalisiert. Aber dann hatte die BGAG, wie so viele andere institutionelle Anleger in dieser Zeit, bei Spekulationsgeschäften viele Millionen Euro verloren.

Ein Grund dafür, dass die FR so schnell wirtschaftlich abrutscht, ist auch die Haltung der Frankfurter Sparkasse. Diese ist selbst in Schieflage geraten und nach dem Absetzen eines der FR wohlgesonnenen Sparkassenchefs werden alle „faulen Kredite" einer Prüfung unterzogen. Dabei kommt es zu einer bemerkenswerten Konstellation im Verwaltungsrat. Die Vertreter der Grünen und der SPD plädieren gegen eine Verlängerung des Kredits, die CDU aber, in Person der Oberbürgermeisterin Petra Roth („Das liberale Frankfurt braucht die liberale FR") setzt sich vehement und erfolgreich für die Verlängerung ein. Und bewirkt damit auch, dass die CDU-geführte Landesregierung unter Roland Koch die Zeitung 2003 mit einer Ausfallbürgschaft stützt. Dafür gibt es Kritik, weil befürchtet wird, dass die FR von einer CDU-Regierung abhängig werde. Diese versichert, es handele sich um eine rein wirtschaftliche Hilfe, die auch jedem anderen Betrieb in gleicher Lage zuteil würde. Die Bürgschaft sichert die Kredite bis Mitte 2004 ab.

In den Spitzenpositionen der Redaktion beginnt mit der Krise eine Art Achterbahnfahrt. In den ersten gut 50 Jahren hatte die FR nur drei Chefredakteure gehabt: Karl Gerold, Werner Holzer, Roderich Reifenrath. Von 2000 bis 2012 sind es bereits sieben. Auf Reifenrath waren 2000 in einer Doppelspitze dessen Stellvertreter Jochen Siemens und Hans-Helmut-Kohl gefolgt, beide langjährige Redakteure mit zentralen Aufgaben. Siemens war Korrespondent in Wiesbaden und Washington gewesen, hatte nach Reifenrath die politische Redaktion geleitet. Kohl war aus vielen Reporterjahren mit den regionalen und nationalen Themen bestens vertraut. Eine Chance zu Kontinuität und Reform? Der Verlag, wirtschaftlich in der Defensive, setzte dagegen zunehmend auf Sparprogramme – sprich: Personalabbau. Die beiden Chefredakteure drangen mit Innovationsvorschlägen bei den alten Herren in der Verlagsspitze aber nicht durch.

Nächster Chefredakteur wird der bisherige Stellvertreter Wolfgang Storz. In seiner Zeit fallen viele Stellen weg, aber er stärkt auch die regionale Ausrichtung mit Redaktionsbüros in Städten rund um Frankfurt und führt die Stadtteilseiten wieder ein. Überregional versucht er, mit einer täglichen Beilage FR+ zu punkten.

Chefredakteure in schwierigen Zeiten (1): Die beiden langjährigen FR-Redakteure Hans-Helmut Kohl (links) und Jochen Siemens (rechts) führten gemeinsam die Redaktion ab 2000 – nach ihnen rückte der bisherige Stellvertreter Wolfgang Storz (unten) an die Spitze

Das 60-jährige Bestehen der Zeitung feiert die ddvg 2005 mit einer großen Geschichts-Revue und Feier in der Alten Oper und setzt damit für Anzeigenkunden, Druckkunden und Beschäftigte ein starkes Signal, dass die FR noch lebt.

Die SPD-Medienholding steigt ein

Es war auf Initiative aus der Chefredaktion gelungen, die SPD-Medienholding Deutsche Druck- und Verlagsgesellschaft mbH (ddvg) dazu zu bewegen, bei der FR einzusteigen. In einem vom FR-Hauptstadtkorrespondenten Richard Meng vermittelten Gespräch mit der SPD-Schatzmeisterin Inge Wettig-Danielmeier im Willy-Brandt-Haus hatte der stellvertretende FR-Chefredakteur Jürgen Metkemeyer die

Besorgnis erläutert, das Unternehmen könne ohne eine verlegerische Lösung an eine Investorengruppe verkauft und damit der Untergang der FR eingeleitet werden.

Wirtschaftlich ist die FR zu einem Fass ohne Boden geworden. Die Entscheidung der ddvg, die FR unter zeitweiser Übernahme zu sanieren, wofür sich Wettig-Danielmeier mit dem SPD-Vorsitzenden Gerhard Schröder abgestimmt hatte, ist also eher ein Akt der publizistischen Rettung. Verbunden allerdings mit der Ansage, dass es nicht gut für die FR und auch nicht für die SPD wäre, wenn die Medienholding dauerhaft Eigentümerin bleibe und deshalb nach der Sanierung die Beteiligung wieder auf deutlich unter 50 Prozent reduziert werden solle.

Im Mai 2004 übernimmt die ddvg 90 Prozent der Anteile am Druck- und Verlagshaus Frankfurt am Main, das die FR herausgibt, von der Karl-Gerold-Stiftung, die bis dahin Alleineigentümerin gewesen war. Die Gerold-Stiftung bleibt mit zehn Prozent dabei und hält diese zehn Prozent dauerhaft. In wirtschaftlichen und verlegerischen Fragen kann sie mit ihren zehn Prozent seitdem aber nichts mehr bestimmen, abgesehen von ihrem Vetorecht bei der Berufung von Chefredakteuren.

Die FR scheint mit dem Einstieg der ddvg zunächst wirtschaftlich gesichert. Um eine Insolvenz abzuwenden, setzen die neuen Haupteigentümer den schon vom Generalbevollmächtigten eingeleiteten drastischen Sparkurs fort – im Einvernehmen mit dem Betriebsrat. Die Beziehung zwischen dem Betriebsratsvorsitzenden Viktor Kalla und Wettig-Danielmeier, die mehrfach miteinander verhandeln, ist von gegenseitiger Wertschätzung geprägt. Im Zeitraum von drei Jahren sinkt die Zahl der Beschäftigten in Redaktion, Verlag und Druckerei dennoch von 1784 auf 750. Das Verlagshaus am Eschenheimer Turm wird verkauft, um einen Teil der aufgelaufenen Schulden zu tilgen.

Neven DuMont übernimmt

Nachdem aus ihrer Sicht die Hauptarbeit der Sanierung getan ist, verkauft die ddvg 2006 den Mehrheitsanteil der FR samt Druckerei an den Kölner Verlag M.DuMont Schauberg (*Kölner Stadtanzeiger*). Ein anderer Interessent war die WAZ-Gruppe, womit die FR zur späteren Funke-Mediengruppe gestoßen wäre.

Zuvor noch hatte die ddvg Chefredakteur Storz fristlos entlassen und so den Weg für die Neubesetzung durch den neuen Mehrheitsgesellschafter geebnet. Die Redaktion protestiert mit einem Text auf Seite 1 gegen die Absetzung. Auch die Karl-Gerold-Stiftung spricht sich gegen die Entlassung aus, die ohne Begründung erfolgt ist. Klar ist, dass immer neue Forderungen nach Personalabbau und Kürzungen im Redaktionsetat das Verhältnis stark belastet haben. Aber im Hintergrund wurde immer vermutet, dass es auch politische Gründe gab, insbesondere hinsichtlich des Vorwurfs, die Zeitung werde zu einem „Propagandablatt der Linkspartei".

Die Übernahme durch „die Kölner" scheint wirtschaftlich zunächst ein Grund zum Aufatmen, war der dortige Firmenpatriarch Alfred Neven DuMont doch ein klassischer Zeitungsverleger, der auch Karl Gerold noch persönlich gekannt hatte. Als Chefredakteur schickt DuMont im Juli Uwe Vorkötter nach Frankfurt. Vorkötter, zuvor bereits Chefredakteur der *Stuttgarter Zeitung*, war im Mai als Chefredakteur der *Berliner Zeitung* entlassen worden – wegen seines konsequenten Widerstands gegen deren neuen Besitzer, den von vielen als „Heuschrecke" bezeichneten britischen Medieninvestor David Montgomery. Er tritt an, das Blatt grundlegend zu modernisieren und vielfältiger zu machen, auch im Kontrast zu seiner publizistischen Tradition und „altlinken" Inhalten. 2007 stellt die FR auf das kleinere Tabloid-Format um, was bei einem Teil der traditionellen Leserschaft nicht gut ankommt, der FR aber einen europäischen Preis für Zeitungsdesign einbringt.

2009 wechselt Vorkötter nach Berlin, wo er in Personalunion als Chefredakteur für die *Berliner Zeitung* und die *Frankfurter Rundschau* verantwortlich ist. In Frankfurt führen Rouven Schellenberger und Joachim Frank die Redaktion, der eine aus Berlin, der andere aus Köln gekommen. Der alte links-liberale Geist der FR wird nicht in Frage gestellt, aber auch weniger deutlich verkörpert. Auch wenn Kritiker von Boulevardisierung sprechen, bleibt die Redaktion unter ihrer Leitung in vielerlei Hinsicht auf kritisch-aufklärerischem Kurs. In dieser Zeit recherchiert und berichtet die Zeitung ausgiebig zum systematischen Mobbing gegen hessische Steuerfahnder und über die Fälle sexuellen Missbrauchs an der Odenwaldschule.

Seit Jahren schon haben die FR-Beschäftigten auf Urlaubs- und Weihnachtsgeld verzichtet. Immer mehr Redakteure und Redakteurinnen werden über Abfindungsangebote zum Ausstieg bewogen.

Chefredakteure in schwierigen Zeiten (2): Nach dem Einstieg des Kölner Verlags-hauses Neven DuMont wurde 2006 Uwe Vorkötter (oben) Chefredakteur, später übernahmen bis 2012 seine beiden Stellvertreter Rouven Schellenberger (links) und Joachim Frank (rechts) die Redaktionsleitung in Frankfurt

Feste freie Mitarbeiter der Regionalausgaben werden entlassen. Eini-ge bekommen das Angebot, sich, schlechter bezahlt, in einer externen Firma anstellen zu lassen, und von dort weiter für die FR zu arbeiten und in ihr zu schreiben. So können sie sich auch nicht mehr vom FR-Betriebsrat vertreten lassen. Verlagsangestellte werden entlassen, die Verwaltung wird nach Köln verlagert. Gegen weitere Aufspaltungen wehrt sich die Belegschaft, teils erfolgreich, aber der Kreislauf immer neuer Spar- und Kürzungsprogramme geht weiter.

Nach 2010 verliert die FR ihr eigenständiges bundespolitisches Büro. DuMont Schauberg gründet in Berlin eine Redaktionsgemeinschaft, von der die *Frankfurter Rundschau*, die *Berliner Zeitung*, der *Kölner Stadt-Anzeiger* und die *Mitteldeutsche Zeitung* in Halle mit überregionalen Inhalten beliefert werden. Geschrieben werden diese Texte aber großteils von Korrespondenten, die zuvor bei der FR angestellt gewesen waren oder schon für sie geschrieben haben. Das bedeutet: Die inhaltliche Qualität hat nicht automatisch gelitten, aber die Exklusivität ist dahin. Und die Redaktion in Frankfurt versucht nach Kräften, trotz enger werdenden Finanzspielraums, das Niveau des Blattes insgesamt zu halten.

Die FR kommt aber nicht aus den roten Zahlen. DuMont Schauberg lässt schließlich die Reißleine ziehen. Am 13. November 2012 muss ein Insolvenzantrag gestellt werden. Redakteurinnen und Redakteure, die bereits Auflösungsverträge unterschrieben haben, verlieren ihre Abfindung. Die Insolvenz kostet auch gut 500 Druckerei-Beschäftigte den Arbeitsplatz. Und wieder steht die Frage im Raum: Was wird? Quälende vier Monate bleiben Leserinnen und Leser ebenso wie die Redaktion im Ungewissen. Ein Zeichen der Hoffnung: In dieser Zeit werden abertausende Solidaritätsabonnements abgeschlossen – Zweitabos zur Unterstützung der Zeitung im Kampf um eine Zukunft.

Ausgerechnet der FAZ-Verlag baut die FR wieder aus

Im Frühjahr 2013 übernimmt die Fazit-Stiftung die FR. Zu ihr gehören auch die *Frankfurter Allgemeine Zeitung* (FAZ) und die Frankfurter Societäts-Medien GmbH, die die *Frankfurter Neue Presse* (FNP) herausgibt. Ohne die Druckerei, aber als Vollredaktion mit dem langjährigen Redakteur Arnd Festerling als neuem Chefredakteur, der im Juli 2012 an die Stelle Vorkötters berufen worden war. Er war in früheren Jahren Ressortleiter für Politik, zeitweise Sport, wieder Politik plus Wirtschaft, schließlich Lokales und Regionales, kennt das Redaktionsteam und die inhaltliche Haltung der Zeitung also bestens.

Die Übernahme durch die Fazit-Stiftung erweist sich in dieser Phase als eine strategisch kluge Entscheidung, ökonomisch und sogar politisch. Ökonomisch: Die drei Zeitungen FR, FNP und FAZ verfügen nun über das Anzeigenmonopol in Frankfurt. Politisch: Aus einer Verlagsgruppe heraus werden verschiedene politische Lager bedient – mit der aufgeklärt-konservativen FAZ, der bürgerlichen Familienzeitung FNP und der links-liberalen FR. Die Synergieeffekte im neuen Verlag wirken. Schon 2013 schließt die FR erstmals seit vielen Jahren wieder mit einem operativen Gewinn ab. Ausdruck des Bekenntnisses zur Tradition der FR ist auch, dass die FR 2015 zu ihrem 70-jährigen Bestehen zu einer Feier mit Tag der offenen Tür einlädt. Auch viele ehemalige FR-Beschäftigte, darunter Chefredakteur Werner Holzer und Kuratoren der Gerold-Stiftung sind dabei.

Die neuen Besitzer mischen sich nicht in die redaktionellen Belange ein, bestärken Redaktion und Chefredaktion aber ausdrücklich in ihrem Vorhaben, das links-liberale Profil der Rundschau zu schärfen. Sie lassen auch Neueinstellungen zu, damit die FR ihren Mantelteil, der eine Zeitlang in Berlin produziert worden war, wieder selbst gestalten kann. Zur Profilierung trägt bei, dass die ehemalige *taz*-Chefredakteurin Bascha Mika an der Seite von Festerling weitere Chefredakteurin wird und zusätzliche Akzente setzt. Zum Beispiel: Ab 2016 kann die FR ihr Profil mit der neuen Wochenendbeilage FR7 erweitern.

Mit Ippen in die Zukunft

Nachdem die Fazit-Stiftung mit der Übernahme der FR den Frankfurter Zeitungsmarkt zunächst auch gegen unwillkommene Konkurrenten „von außen" abgeschottet hatte, ändert sie dann aber doch wieder abrupt ihren unternehmerischen Kurs, um sich nur noch auf eine Zeitung zu konzentrieren. Die Zeitungskrise währt inzwischen fast zwei Jahrzehnte, auch die bürgerliche FAZ hat es auf dem Medienmarkt nicht mehr leicht – und im Verlag fällt nun die Entscheidung, sich ganz auf die traditionelle Hauptmarke zu konzentrieren.

Zum 1. April 2018 verkauft die Fazit-Stiftung ein ganzes „Paket" an die Zeitungsholding Hessen, die zur Zeitungsgruppe des Verlegers Dirk Ippen gehört und an der auch die Gießener Verlegerfamilie Rempel (*Gießener Allgemeine*) beteiligt ist. In diesem Paket ist die *Frankfurter Rundschau* enthalten, ebenso die *Frankfurter Neue Presse*, die Societäts-Druckerei und die Anzeigenvermarktungsgesellschaft RheinMainMedia. Wobei diese jüngere Geschichte auf dem Frankfurter Zeitungsmarkt vor dem Hintergrund der frühen Jahre nun besonders illuster wirkt.

In der unmittelbaren Nachkriegszeit hingen die unterschiedlichen Lizenzvergaben durchaus im Sinne von Medienvielfalt miteinander zusammen. Ab 2013 erschienen die Frankfurter Traditionsblätter dann vorübergehend im selben Verlag. Zum gemeinsamen Wurzelgeflecht gehört, dass die von der US-Armee als politisches Gegenstück zur Rundschau gegründete FNP ab Frühjahr 1946 in den ersten Jahren auf den Maschinen der FR gedruckt wurde, die eigentlich der von Leopold Sonnemann 1860 gegründeten Societäts-Druckerei (FSD) gehörte (an die die FR Pacht zahlen musste), und dass die FAZ von ihrer Gründung 1949 bis immerhin 1962 im FR-Verlagshaus gesetzt, layoutet, gedruckt und auf den Auslieferungsweg gebracht wurde.

Mit der Übernahme der Mehrheitsanteile durch die Zeitungsholding Hessen bleiben zumindest FR und FNP im selben Verlag. An der Spitze der Rundschau-Redaktion scheidet Arnd Festerling 2019 aus, Bascha Mika 2020 (sie bleibt aber FR-Autorin). Thomas Kaspar, der auf Festerling folgte, ist seit Mikas Ausscheiden alleiniger Chefredakteur. Es ist eine Zeit, in der die Präsentation journalistischer Inhalte im Netz immer wichtiger geworden ist und auch die Rundschau den schon lange eingeschlagenen Weg, mit neuen Netzangeboten die Zukunft eines qualitativ hochwertigen Journalismus zu sichern, mit großer Konsequenz fortsetzt. Mit Blick auf eine Zukunft der Zeitungsbranche, die niemand vorhersehen kann. In der eine Marke wie die *Frankfurter Rundschau* aber zu den Zeitungen zählt, die aus ihrer bewegten Geschichte und Gegenwart heraus auf das Vertrauen ihrer Leserschaft setzen.

Wolf Gunter Brügmann, geb. 1946 in Kiel, ab 1967 freier Mitarbeiter für das *Höchster Kreisblatt* (*Frankfurter Neue Presse*), dann ab Januar 1969 Volontariat bei der FR, für das er sein Studium der Soziologie abbrach. 1970 bis 1972 Pressesprecher der neuen Bremer Universität, an der er auch sein Studium abschloss. Ab Juli 1976 bis 2010 wieder Redakteur in Frankfurt, 1984 bis 1994 als Chef der Nachrichtenredaktion. 1995 maßgeblich bei der inhaltlichen Gestaltung der Sonderbeilage zu 50 Jahre FR.

„WIR WAREN ANTIFASCHISTEN"

Ex-Chefredakteur Roderich Reifenrath über seine Erfahrungen
mit Karl Gerold und den Journalismus der frühen Jahre

Ein junger Journalist wechselt – 1966 – von der Recklinghäuser Zeitung zur Frankfurter Rundschau. Was war der erste Eindruck?
In Frankfurt war alles viel größer. Die Mitglieder der Nachrichtenredaktion saßen in einem Großraumbüro, damals schon. Es wurde auch anders gearbeitet als bei kleinen Zeitungen. Fast jeder, es waren meist Männer, war für ein Themengebiet zuständig. Ich bekam Texte aus der Innenpolitik auf den Tisch, besonders die juristischen Themen, weil ich Jura studiert habe. Beim Redigieren und Überschriftenmachen, je nach Dienstplan, natürlich auch anderes.

Was war der erste eigene Rundschau-Artikel?
Noch kein Leitartikel, sondern eine Glosse: ein Kurzkommentar zu einem aktuellen Thema des Tages. Es ging um juristische Folgen eines Starfighter-Absturzes: ein Kampfflugzeug der Bundesluftwaffe, das damals in Serie wegen technischer Mängel vom Himmel fiel.

Und die erste Begegnung mit Karl Gerold?
Ich musste mich ihm vorstellen, in seinem Zimmer. Er hat mich angestellt, nachdem die beiden stellvertretenden Chefredakteure, Karl-Hermann Flach und Hans-Herbert Gaebel sowie Nachrichtenchef Horst Wolf mich vorgeschlagen hatten. Förmliche Bewerbungsverfahren waren damals im Journalismus ja eher selten. Ich hatte in Recklinghausen mit einem Kollegen zusammengearbeitet, der bei der Rundschau gelandet war. Als er in Frankfurt anfing, war er von Horst Wolf gefragt worden, ob er jemand empfehlen könne, es werde noch ein Redakteur gebraucht. Da hat er gesagt: Da sitzt noch einer in Recklinghausen ...

Wie lief es ab, dieses erste Gespräch mit Gerold?
Harmlos. Reingekommen, guten Tag gesagt. Er hat nicht lange mit mir geredet, mich einfach nur zur Kenntnis genommen – dann war die Begegnung beendet.

Was war er für ein Mensch?
Gerold – Verleger, Journalist, Maler – ist nicht einfach zu beschreiben. Es gibt viele Charakterisierungen, nicht alle Informationen über

seine Lebensgeschichte halte ich für seriös. Er kam aus einem Arbeitermilieu in Giengen an der Brenz. Besonders von seinem Großvater hat er viel mitbekommen. Es war eine sozialdemokratisch geprägte Familie, in diesem Umfeld ist er groß geworden. Während des Hitlerfaschismus landete er dann im Widerstand, ganz präzise nachzeichnen lässt sich das im Einzelnen nicht mehr. Es wurde berichtet, dass er auf der Flucht vor den Nazis durch den Rhein in die sichere Schweiz geschwommen sei. Dort hat er seine Frau, eine Pianistin, kennengelernt. So viel ist klar: Wenn einer aus tiefer Seele Anti-Nazi war, dann Karl Gerold.

Wie war er in seinem Führungsstil?

Da war einerseits ein autoritäres Grundmuster. Andererseits hat es die Rundschau über Jahrzehnte ausgemacht, dass es ein liberales Binnenklima gab – und Gerold war maßgeblich daran beteiligt. Er hat der Redaktion Freiräume erlaubt, die es in vielen anderen Verlagen so nicht gab. Er ließ uns machen. Viele haben Jahrzehnte bei der FR gearbeitet.

Klingt nach Mischmasch – oder doch nach Haltung?

Die Haltung bestand zentral darin, dass wir Antifaschisten waren. In der Redaktion wurde natürlich auch gestritten, gab es Kontroversen. Aber wenn es ums Dritte Reich und die Folgen ging, war die Redaktion sich im Kern schnell einig. Nie wieder: Das hat die Zeitung geformt und zusammengehalten ...

... es gab aber sogar später, 1978, noch eine Kontroverse darüber, ob die Verjährung von Nazi-Verbrechen möglich sein sollte oder nicht ...

... es gab in der Ausgabe vom 30. November zwei Leitartikel, Pro und Kontra. Ich habe den fürs Kontra geschrieben. Aber das hatte bei uns nichts damit zu tun, wie man zu den Nazis stand. Es ging in einer fast 30 Jahre laufenden Debatte um juristische Bewertungen. Selbst ein Karl-Hermann Flach war mit juristischer Begründung dafür gewesen, die gesetzliche Verjährung nicht aufzuheben. Für mich waren die Nazi-Verbrechen so singulär, so gigantisch, dass ich dafür war, das Gesetz zu ändern – damit sie nicht verjähren konnten. Am 3. Juli 1979 kippte der Bundestag dann das bis dahin geltende Recht.

Könnte man die FR in ihren frühen Jahren aus heutiger Sicht eine linke Zeitung nennen?

Die Herausgeber nach dem Krieg waren Linke, Sozialdemokraten und Kommunisten. Die meisten haben kurz danach ihre Posten freiwillig oder unfreiwillig wieder verlassen. Zum Schluss blieb Gerold

Ein ausgleichender, moderierender Chefredakteur: Roderich Reifenrath in einer Redaktionssitzung

übrig. Die FR lässt sich von da an nicht mehr pauschal als linke Zeitung beschreiben. Viele der leitenden Redakteure hatten pointiert liberale Züge. Einer wie Karl-Hermann Flach, der politische Kopf der Zeitung zu Beginn der 70er Jahre, hat einen damals noch nicht sehr selbstverständlichen Liberalismus vertreten – einen sozial grundierten. Besonders Flach hat den Gedanken des Sozial-Liberalen in die Redaktion hineingetragen. Mit ihm bekamen Debatten über sozial-liberale Politik ein neues intellektuelles Niveau. Er war der präziseste Kopf, den die Zeitung hatte. Und er konnte druckreif reden, war zivil im Ton. Er wollte überzeugen, nicht oktroyieren.

Was war das damals, sozial-liberal?

In der Kombination beider Begriffe wurden auch in der FR vor allem gesellschaftspolitische Themen abgehandelt – etwa Strafrechtsreform oder Hochschulreform oder soziale Projekte. Eine von Flach inspirierte und ausbalancierte Kombination dieser Denkrichtung hat dann den Weg in unsere Anstellungsverträge gefunden. Sie gilt auch heute noch: „Die Grundhaltung ist sozial-liberal (links-liberal)". Damit war klar: Flach oder Gaebel, die im Arbeitsalltag quasi die Chefredakteure waren, definierten sich nicht links. Viele andere ebenfalls nicht. Dem Kapital wollten sie gewiss nicht radikal an den Kragen. Gerold, der streckenweise seine Leitungsfunktion von der Schweiz aus wahrnahm, übrigens auch nicht. Flach hat seine Sicht aufs politische Geschehen so in die Debatten der Redaktion eingebracht, dass viele mitgehen konnten.

Hat Gerold die Redaktion auch inhaltlich geprägt?

Wenn Gerold Kommentare schrieb, war das nicht ausgeprägt links oder pointiert liberal oder konservativ – da war oft von allem etwas dabei. Seine Texte waren meist kämpferisch, nicht abwägend analytisch. Programmatische Leitfigur war er für uns nicht. Uns gefiel jedoch seine immer wieder gezeigte soziale Einstellung, das hat er nicht zuletzt im Umgang mit den Arbeitern im Verlag bewiesen – mit den Druckern, Setzern, Metteuren. Intensiv gelebt und entscheidend war jedoch etwas anderes. Irgendwann ist er aus der SPD ausgetreten, weil ihm Offizielle der Partei, Herbert Wehner zum Beispiel, zu nahe kamen und versuchten, seine Unabhängigkeit zu unterlaufen, Einfluss auf die Zeitung zu nehmen. Das glaubte er jedenfalls. In solchen Momenten explodierte der Mann innerlich. Er wollte frei sein, von niemandem und nichts abhängig. Ich denke, Freiheit ist der Schlüsselbegriff seines Charakters.

Kann man gleichzeitig frei und autoritär sein?

Wenn man ernsthaft darüber nachdenkt, natürlich nicht …

… von oben gesehen, als Chef von allem, geht es vielleicht doch zusammen?

Ja, natürlich, klar. Es gab gelegentlich sogar komische Beispiele fürs Autoritäre. Da befindet Gerold sich auf dem langen Flur im Rundschau-Haus, zweiter Stock, wo die Redaktion saß, und es begegnet ihm jemand, der grußlos an ihm vorbeigeht. Gerold dreht sich um und ruft ihm sinngemäß hinterher: Hey Sie, Sie haben mich nicht gegrüßt, Sie sind entlassen! Der Getadelte dann: Ich bin ja gar nicht angestellt bei Ihnen! Ja, es gab die Neigung zu Eruptionen, doch das sackte meist auch schnell wieder in sich zusammen.

Und wie war die Tonlage gegenüber Politikern?

Scharf, wenn er das für nötig hielt. Am schärfsten bei CSU-Chef Franz-Josef Strauß. Ihn griff er via Leitartikel gern und über längere Zeiträume zur Freude seiner beachtlichen Fangemeinde gnadenlos an. Da hatten altgediente Redakteure beim Redigieren seiner Texte oft Mühe, allzu deftige Tonlagen zu verhindern, um dem Chef ein Beleidigungsverfahren zu ersparen. Das gelang nicht immer. Besonders hervorheben muss man in diesem Zusammenhang die wortgewaltigen Attacken Gerolds gegen den damaligen Verteidigungsminister beim Thema Starfighter. Strauß und das Militär und Wünsche nach Atomwaffen: Das provozierte Kommentarserien.

Woran ist der Plan gescheitert, ähnlich wie beim Spiegel ein Redaktionsstatut zu schaffen, dass die Rechte der Redaktion festschreibt?

An der Redaktion selbst. Sie wollte ein Mitbestimmungsrecht bei der Einstellung oder Entlassung des Chefredakteurs. Das haben die Verlags-Oberen so nicht mitgespielt und mit Gerold ging das ebenfalls nicht. Dabei waren wir fast fertig mit dem Statut. In einer Vollversammlung der Redaktion (da lebte Gerold schon nicht mehr) wurde dann wegen der Chefredakteursfrage nach fast zehn Jahren Diskussion das ganze Projekt gekippt. Ein für beide Seiten tragfähiger Kompromiss wäre nach meiner Meinung damals möglich gewesen. Wir hatten da ja bereits lange schon in Übereinstimmung mit dem neuen Chefredakteur Werner Holzer einen wirksamen Redaktionsausschuss. Es fehlte halt das offizielle Siegel.

Wie war das Verhältnis Redaktion-Gerold?

Er hat die Redaktion als eine Art Familie verstanden. Mit dem Vater als einem, der am Ende bestimmen kann, wo es langgeht. Soweit er an den morgendlichen Kommentarkonferenzen teilnahm, gab er bei der Bewertung politischer Vorgänge den Ton an. Nur einer soll ihm häufiger ins Wort gefallen sein: Conrad Ahlers, der für die Innenpolitik zuständig war, später zum *Spiegel* ging und 1969 in der sozial-liberalen Koalition das Presse- und Informationsamt der Bundesregierung in Bonn leitete. Alle anderen haben die Konferenzen eher über sich ergehen lassen und dann – etwas pauschal gesagt – gemacht, was sie für richtig hielten. Ich kann mich nicht erinnern, dass es deshalb am nächsten Tag mal großen Ärger gegeben hätte. Entweder er hat da nicht richtig hingeschaut – oder es war eben doch dieses Stück Liberalität. Die Redaktion hatte schon sehr viele Freiräume.

War den Redaktionschefs egal, was in einem Kommentar stand?

Natürlich nicht. Da wurden auch schon mal Beiträge aus inhaltlichen Gründen abgelehnt. Oder es wurde um Formulierungen gerungen. Ein Kommentar von mir ist mal vom Leitenden Redakteur ohne Rücksprache ins genaue Gegenteil verkehrt worden. Tags drauf gab es dann von der Redaktionsleitung angeordnete Entschuldigungen.

In dieser Zeit ist die Rundschau zum meinungsbildenden Medium aufgestiegen ...

Ja, aber so richtig erst im Nachgang zur 68er Zeit. Gerold hatte ja auch schon mal Rudi Dutschke empfangen, sicher ein schwieriger Gesprächspartner für ihn. Einerseits haben ihm die 68er nicht behagt, weil sie ans Kapital ran wollten, weil sie enteignen wollten. Das gefiel ihm überhaupt nicht. Auf der anderen Seite hatte er jedoch eine gewisse Sympathie für deren Aufmüpfigkeit und Radikalität. Sie belebten Erinnerungen an die eigenen Jugendjahre. Denke ich.

War das dann auch ein Aufbruch im Journalismus, waren damals die Jungen auch im Journalismus von 68 beeinflusst – oder haben umgekehrt sie 68 beeinflusst?

„Es war eine tolle Zeit": Chefredakteur Roderich Reifenrath (rechts) moderiert eine Veranstaltung mit dem Soziologen Karl Otto Hondrich und der Grünen-Politikerin Antje Vollmer

Zweifellos beides. So hatte der damalige Nachrichtenchef Hans-Michael Rathert als einer der ersten Journalisten in der Bundesrepublik eine konsequente Berichterstattung über die Studentenbewegung eingeleitet. Die Kommentatoren blieben angesichts der Gewalt an den Universitäten auf Distanz. Die Kriegsgeneration in der FR hatte ihre Lehren aus der Vergangenheit gezogen.

Aber die Rundschau hat trotzdem – mindestens mal – das Lebensgefühl der 68er transportiert?

Absolut. Viele der jüngeren Kollegen hatten den 68ern gegenüber eine verständnisvolle Einstellung, manche fühlten sich gar wie im Flaggschiff der Revolution. Die studentische Jugend las FR. Das gefiel nicht allen im Verlag.

Eine sehr besondere Zeit?

Es war eine tolle Zeit – für die gesamte Medienlandschaft, nicht nur für die Rundschau. Die Zeitungen hatten hohe Priorität in der Wahrnehmung ihrer Leserinnen und Leser. Ein Interview in der Rundschau konnte Wirkung erzielen. Wir hatten schon das Gefühl, bei einer wichtigen Zeitung zu arbeiten. Betonen möchte ich, dass wir sehr auf Seriosität bedacht waren, auf saubere Trennung zwischen Nachricht und Kommentar, was heute nicht mehr überall selbstverständlich zu sein scheint.

Gab es damals einen konkreten eigenen Artikel, der etwas bewegt hat?

Da war diese unselige Veranstaltung der NPD 1969 im Frankfurter Cantate-Saal. Sie sollte durch ein Bürgerbündnis verhindert werden, dem auch Gerold und Flach angehörten. Viele junge Leute sind vor den Cantate-Saal gezogen und haben protestiert. Ich stand mit anderen Journalisten im Innenhof, wo NPD-Schläger im SA-Stil aufmarschierten. Hin und wieder haben sie einen der Demonstrierenden durchs Tor nach innen gezerrt und vor den Augen der Kriminalpolizei krankenhausreif geprügelt. Irgendwann kam Gerold und hat sich Zugang zum Innenhof verschafft. Drinnen im Saal begann dann die Veranstaltung, es wurde gehetzt – auch gegen die Rundschau. Gerold saß hinten unter den Journalisten.

Als Beobachter seiner Gegner?

Nicht lange. Irgendwann ist er aufgestanden, vorne aufs Podium gegangen und hat eine wütende Rede gegen die Nazis gehalten. Diesen Mut hatte er, viele andere waren da lange schon abgetaucht. Ich habe für die FR über die Vorgänge berichtet. Wahrscheinlich ist aus keinem meiner späteren Texte in anderen Medien umfangreicher zitiert worden als aus diesem. Auch ausländische Blätter bedienten sich. In diesem Artikel habe ich die Namen einiger Täter genannt und bekam Drohbriefe. Irgendwann standen rechte „Kameraden" vor der Tür, als ich zur Arbeit kam. Die wollten mir ans Fell. Passiert ist zum Glück nichts.

Hat die Zeitung da etwas politisch bewegt im Land?

Ich glaube schon. Sie zählte zu den Stimmen, die gehört wurden. Für viele aus der Studentenbewegung hatte die FR eine meinungsbildende Funktion. Beiträge wie der über den Naziaufmarsch in Frankfurt kursierten als Beleg, dass Wachsamkeit angesagt blieb, weil die unselige Vergangenheit immer wieder aufbrach. Sozialen Themen wurde Platz eingeräumt

Für was stand die Rundschau, als Gerold 1973 starb? Willy Brandt regierte, in manchen Redakteursbüros hingen – sozial-liberal verstanden – FDP-Plakate. In anderen saßen junge, links denkende Leute. Später war dann eher Rot-Grün etwas, das die Redaktion umtrieb…

Im Ansatz war das Spätere sicher schon angelegt. Aufbruch-Stimmung, die es in der Gesellschaft gab, existierte auch in der Rundschau. Ein Stück weit hat die Zeitung das öffentliche Leben befeuert. Für einen großen Teil der aufmüpfigen, engagierten Studierenden waren wir das Leib-und Magen-Blatt ...

... in der Selbstwahrnehmung als deutschlandweite große Zeitung?

Ja. Aber es gab da zwischen dem Regionalen und dem Überregionalen eher eine getrennte Entwicklung. Neben dem überregionalen Aufstieg kam der Ausbau der regionalen Berichterstattung mit separaten Seiten für die Regionen rund um Frankfurt, was eine Menge Geld gekostet hat und vielleicht schon viel früher nötig gewesen wäre. Die lokalen und regionalen Redakteurinnen und Redakteure haben uns Überregionale sicher manchmal als elitären Club erlebt und wir uns umgekehrt nicht genügend für deren Arbeit interessiert. Auch in den Lokalredaktionen war die journalistische Freiheit groß. Dieses FR-spezifische Element war für mich der entscheidende Grund, warum ich zweimal sehr gute Angebote von außen nicht angenommen habe.

Dachte man als relativ junger Redakteur eigentlich schon daran, wie die Zeitung geführt und geprägt werden müsste?

Ich fand die Zeitung so, wie wir sie gemacht haben, im Prinzip in Ordnung. Ich habe mich nicht mit dem Gedanken gequält, wie man sie auf den Kopf stellen könnte. Andere auch nicht. Ich war vor allem froh und dankbar für das Volumen an Selbständigkeit, sie gehörte und gehört zur Rundschau-DNA.

Roderich Reifenrath, geb. 1935 in Wissen an der Sieg Studium der Rechtswissenschaften in Köln und Mainz. 1962 Beginn eines Volontariats bei der *Mainzer Allgemeinen*, 1964 Redakteur bei der *Recklinghäuser Zeitung*. Ab 1966 Redakteur der FR (Nachrichtenredaktion, Seite 3), ab 1981 verantwortlich für politische Kommentare und Hintergrundberichte. 1985 Ressortleiter Politik, ab 1986 stellvertretender Chefredakteur, 1992–2000 als Nachfolger Werner Holzers Chefredakteur, 2005–2019 Mitglied im Kuratorium der Karl-Gerold-Stiftung, 2006 bis 2018 Vorsitzender des Kuratoriums.
Das Gespräch mit Roderich Reifenrath führte Richard Meng.

„RADIKALLIBERAL – UND EIN GENERATIONENPROJEKT"

Die langjährige Redakteurin Jutta Roitsch über die FR
unter Werner Holzer und die Jahrzehnte des Aufbruchs

*Wie fühlte sich die Frankfurter Rundschau nach Karl Gerold an –
von innen betrachtet?*

In der Redaktion gab es kaum noch Kollegen, die den Krieg noch
mitgemacht hatten. Statt dessen viele jüngere Männer zwischen Mitte zwanzig und Mitte dreißig – Redakteurinnen gab es damals immer noch kaum. Und man muss im Kopf behalten: Es gab ja zwei FRs, jahrzehntelang. Eine regionale und eine überregionale.

*Die lokalen Leser sahen Teile des überregionalen Angebots nicht,
die überregionalen sahen nur wenig vom Lokalteil ...*

Das hatte sich so eingespielt, weil es dem Verlag zu teuer war, allen alles zu liefern. Aber es hatte auch zu einer inhaltlichen Aufspaltung geführt – und zu unterschiedlichen journalistischen Ansätzen. In der Deutschland-Ausgabe waren wir in der Tat nicht nur Mitlaufende bei den neuen politischen Bewegungen, sondern auch Antreibende. Zugunsten von Hessen und Lokalem mussten wir aber jeden Tag abends den politischen Teil zusammenkürzen. Viele Themen gab es dann in der Stadt- und der Landausgabe im Rhein-Main-Gebiet nicht mehr. Leitmedium waren wir nur in der Deutschland-Ausgabe.

Dort war die politische Botschaft welche?

Sie war sehr personenabhängig. Was heute kaum noch jemand weiß: Einige der prägenden Redakteure wie Karl Hermann Flach waren in der DDR politisch verfolgte Liberale. Ich würde sagen: Wir waren ein radikalliberales Blatt. Von Karl Gerold vielleicht links gedacht ...

... später mit starken grünen Akzenten?

Die Grünen sind ein Produkt des Zerfalls der Studentenbewegung, erst in den späten 70er Jahren haben sie sich herausgebildet. Es spielte bei den ökologischen Themen wie auch dem Atomausstieg der Bezirk Hessen-Süd bei der SPD eine Rolle, als starke Minderheit auf Bundesebene. Bei den Grünen gab es anfangs viele enttäuschte Linke aus der Studentenbewegung, vor der Ökologie stand da häufig die Friedensfrage.

In der Redaktion der Rundschau war ab 1973 der Chefredakteur Werner Holzer die prägende Figur ...

Er war der Inbegriff eines urbayerischen Liberalen ...

... der die Zeitung wohin führen wollte?

Er wollte sie überregional verankern, sie zu einem starken Blatt mit intellektuellem Einschlag machen. In zehnjährigem Kampf mit der Geschäftsführung hat er das auch geschafft. Die Seite „Dokumentation" mit einer breiten Debattenkultur und vielen Texten im Original kam hinzu, ihm ging es um die geistespolitische Auseinandersetzung, speziell gegenüber der „geistig-moralischen Wende" in der Kohl-Ära ...

... ohne selbst ein Linker zu sein, ohne Atomkraftgegner zu sein?

Richtig. Und er war immer entschieden gegen Kampagnenjournalismus. Das war eine jener Gratwanderungen, die in der Rundschau-Redaktion zum Alltag gehörten. Er hat ein geisteswissenschaftliches Forum eingeführt, als Antwort nicht zuletzt auf Angebote der konservativen *FAZ*. Mit einer Redakteurin. Der ersten Frau überhaupt, die dem Feuilleton zugeordnet war.

Die Redaktion, ein Männerverein?

Ja. Das lag natürlich am Journalismus insgesamt. Ich war, als ich 1968 zur Rundschau kam, die einzige Frau in der Nachrichtenredaktion. Andere, die es damals gab, waren für die Reise-, Frauen- und Kinderseite zuständig. Das war damals die übliche Zuordnung.

Ein unausgesprochenes Thema?

In den 70er Jahren ergab sich die Idee einer organisierten innerredaktionellen Blattkritik. Sie hat zweimal stattgefunden, im großen Konferenzraum. Abgewürgt dann vom stellvertretenden Chefredakteur Hans-Herbert Gaebel mit dem Argument, dies sei kein Tribunal. Bei einer dieser Blattkritiken ging es um die Frauenseite. Ich vertrat die Position, dass Frauenthemen nicht länger dorthin abgeschoben werden sollten, sondern dass sie – siehe: Frauen und Arbeitsmarkt – in die Politikberichterstattung gehörten. Die Redakteurin der Frauenseite öffnete ihre Seite danach etwas – aber die Leitartikel dazu habe ich geschrieben. Erst nach und nach änderte sich etwas. Dass es so schwierig war, lag auch daran, dass viele der jungen Frauen, die in den Journalismus gingen, gerade nicht in der Politikbericht-

Redaktionsgespräch mit dem baden-württembergischen Ministerpräsidenten Lothar Späth (CDU) – von links: Christian Schöne, Chefredakteur Werner Holzer, Jochen Siemens (späterer Chefredakteur / hinten), Lothar Späth, Jörg Reckmann, Karl-Heinz Krumm (verdeckt), Jutta Roitsch

erstattung, bei der Wirtschaft oder beim Sport landeten. Im Lokalen hatten wir von Anfang an mehr Frauen.

Auch da zwei Welten?

Gerold hatte das Lokale nie interessiert, bei Holzer muss man das differenzierter sehen. Der Nachrichtenchef Horst Wolf hatte ja auch Chefredakteur werden wollen und war an Gerold gescheitert, hatte die Rundschau dann vorübergehend aus Protest verlassen und war später – von Holzer zurückgeholt – Stellvertreter mit faktischer Alleinzuständigkeit fürs Lokale und Regionale geworden. In diesem klar abgegrenzten Territorium war er der König. Niemand hat sich getraut, sich dort mit ihm anzulegen, auch Holzer nicht. Es war eine Art Pakt der Nichteinmischung.

Was wurde aus Holzers intellektuellem Anspruch?

In den 80er Jahren hat Holzer es geschafft, das Angebot aus der Deutschland-Ausgabe in die gesamte FR auszuweiten. Damit war zumindest auch für Frankfurt ein wirkliches Gegengewicht zur FAZ erreicht. Einschließlich Europaseite, Umweltseite, Bildungsseite und der täglichen „Dokumentation". Die Zeitung wollte das Forum sein für die Debatten im linksliberalen Spektrum.

War sie es?

Bis Mitte der 90er Jahre ist das gelungen. Mit der deutschen Vereinigung und dem Nicht-Gelingen der Ausbreitung der sogenannten westdeutschen Leitmedien in den neuen Bundesländern verschoben sich aber Gewichte. Ökonomische Probleme für die Zeitungen kamen hinzu. Die Generation, die von der Rundschau durchs Studium, durch die Gewerkschaftsarbeit, durch den Berufseinstieg begleitet worden war, begann sich umzuorientieren, vor allem auch gesellschaftspolitisch. Zum neuen linksliberalen Leitmedium wurde eher die *Süddeutsche Zeitung* als die *Frankfurter Rundschau*. Später, mit dem Internet, gab es immer mehr junge Leute, die überhaupt nicht mehr zur Zeitung griffen – auch unter denen, die von ihrer politischen Einstellung her früher ganz selbstverständlich Rundschau gelesen hätten.

Gab es überhaupt in der Redaktion so etwas wie ein Denken ans Publikum?

Von der Geschäftsführung des Verlags sind wir jedenfalls immer wieder darauf gestoßen worden. Ihnen war der pointierte Kurs, den die politische Redaktion verfolgte, ziemlich fremd. Ihnen war das alles vor allem zu intellektuell. Sie haben uns immer gemahnt, wir sollten mehr an das berühmte Mütterchen in Bornheim denken. Aber das Mütterchen in Bornheim war spätestens in den 90er Jahren gar nicht mehr da. Auch in Frankfurt aber waren die Studenten da, die wissenschaftliche Szene, die Buchverlage …

War der hohe journalistische Anspruch gedeckt durch genügend Auflage, war das für die Redaktion überhaupt ein Thema?

Das war einer der zentralen blinden Flecken für die Redaktion. Bis weit in die 90er Jahre hinein haben wir nicht wirklich zur Kenntnis genommen, dass all das, was wir uns mit unserem journalistischen Anspruch erlauben konnten, auf Kosten des Druck- und Verlagshauses ging, das ja vor allem von der großen Druckerei in Neu Isenburg lebte, in der viele weitere Verlage wie Axel Springer Zeitungen drucken ließen. Wir waren als Zeitung da immer Kostgänger …

… einer Druckerei mit angeschlossener Zeitung?

Anders: Der Verlag mit seiner gut verdienenden Druckerei hielt sich die Zeitung. Das war ja Gerolds Erbe.

Vielleicht auch sein Geschäftsmodell, um die Zeitung unabhängig zu machen?

Genau. Ähnlich wie Axel Springer sich die *Welt* immer gehalten

hat, hielt der Verleger Gerold sich seine *Frankfurter Rundschau*.
Aber dieses Geroldsche Erbe führte, nachdem er gestorben war, doch
in einen ziemlichen Machtkampf hinein. Zwischen Redaktion und
Geschäftsführung, aber auch mit dem Betriebsrat. Die überwiegende
Zahl der Mitarbeiter im Verlag war ja in der Druckerei und nicht in
der Redaktion beschäftigt.

War es ein Fehler, dass die Redaktion sich von Vermarktungsfra-
gen ferngehalten hat?

Ein wenig mehr ökonomisches Hintergrundwissen hätte uns allen
schon gut getan. Aber Holzer hat das immer abgefedert. Er hat gesagt: Macht Ihr mal 'ne gute Zeitung, ihr habt den Freiraum dazu.
Von einigen, ich habe da das Feuilleton im Blick, ist das auf der Kos-
tenseite auch ausgenutzt worden. Im Rahmen der großen bayerischen
Liberalität Holzers hatten die Kollegen dort einen ungeheuren Freiraum, solange es keine Konflikte gab. Das Feuilleton der Rundschau
war mit seinen drei herausragenden Köpfen – Peter Iden für Theater
und Kunst, Wolfram Schütte für eine neue Form der Film- und Lite-
raturkritik, Hans-Klaus Jungheinrich für die Musik – bis in die 90er
Jahre hinein aber auch etwas Singuläres in der deutschen Zeitungs-
landschaft. Weg vom reinen Rezensionsfeuilleton, hin zu einem Re-
flexionsfeuilleton: Das hat sich dort entwickelt.

Was hat die Zeitung in diesen Jahrzehnten bewirkt?

Wir haben viel zur Politisierung beigetragen – für eine ganze Generation, vielleicht auch anderthalb. Von den Gewerkschaften bis
hin zu vielen Studierendengruppen. Immer wieder haben wir kritische Themen besetzt. Notstandsgesetzgebung, Strafrechtsreform, die
hoch umstrittene Schul- und Hochschulreform, Friedensbewegung,
Umweltbewegung, in der Region der Kampf um die Startbahn West
am Frankfurter Flughafen, später die rot-grüne Beziehungsproble-
matik. Die Gratwanderung zwischen schlichtem aktionistischem
Kampagnenjournalismus und dem Versuch, qualitativ-aufklärerisch
Hintergrund zu liefern, war immer da. Der eine oder andere ist dabei
abgestürzt.

In beide Richtungen entweder zu kampagnenhaft oder übervorsichtig?

Aufklärungsjournalismus war und ist nie übervorsichtig. Er ist anstrengend und verlangt eine ständige Überprüfung der eigenen Positionen. Das kann auch schmerzhaft sein.

Sagen wir so: Ist es gelungen, die Welt so zu beschreiben und zu
erklären, wie sie war – nicht nur, wie sie sein sollte?

Das war je nach Ressortinteresse und -verständnis sehr unterschiedlich. Für die Seiten, die ich verantwortlich geleitet habe, gelten beide Elemente: Die „Dokumentation" mit damals noch schwer zugänglichen Reden, Texten, Vorabveröffentlichungen, Urteilen sollte erklären, Hintergründe liefern und Debatten anstoßen. Die Seite „Aus Schule und Hochschule" sollte die engagierten Bildungsreformer und -reformerinnen mit Informationen stützen. Mich trieb schon demokratische Ermutigung an.

Papierzeitalter: Jutta Roitsch 1997, an ihrem legendär vollen Redaktionsschreibtisch

War die FR eine faire Zeitung?

Ja. Wir hatten und haben in der Leserschaft eine große Anerkennung dafür. Wir haben immer versucht, in all den Entwicklungen seit 1968 einen fairen Journalismus anzubieten. Was wir überhaupt nicht hatten, ist zum Beispiel diese Anti-Politiker-Häme, die heute so gang und gäbe ist. Es war zwischen Politik, Wissenschaft und Journalismus sicher auch eine Generationenfrage. Viele aus meiner Generation sind früh in journalistische und politische Rollen, aber auch auf Lehrstühle an den Hochschulen gekommen. Wir haben uns, in verschiedenen Rollen und Funktionen, auf den Weg gemacht. Die Rundschau war in den 70er und 80er Jahren in diesem Sinne auch ein Generationenprojekt.

Irgendwann gab es dann aber nicht nur das Mütterchen in Born-
heim nicht mehr, sondern auch die 68er. Jedenfalls als großes, enga-
giertes, zeitungsaffines Publikum. Hätte man da vielleicht auch den
aufklärerischen Journalismus neu erfinden müssen?
Das war eine der großen Diskussionen bei unserem 50. Rund-
schaujubiläum 1995. Alle Korrespondentinnen und Korrespondenten waren dabei, angereist aus vielen Ecken der Welt. In der Diskussion ging es darum, wie eine große Zeitung wie die FR auf die
Veränderungen nach der deutschen Vereinigung reagieren sollte. Auf
die veränderten Fragestellungen, die sich daraus entwickeln würden.
Wir hatten zum Beispiel unmittelbar nach der Vereinigung ein Angebot zu einer Unternehmenskooperation mit der *Leipziger Volks-*
zeitung gehabt, bis dahin ein SED-Blatt. Wir in der Redaktion haben
das abgelehnt. Ich meine nach wie vor: zu Recht. Alle anderen westdeutschen Zeitungen, die so etwas versuchten, sind damit gescheitert. Jedoch: Unsere Diskussion damals war letztlich doch eine sehr,
sehr westdeutsche Diskussion.
Inwiefern?
Ich habe damals mit einer Kollegin zusammen massiv dafür ge-
worben, dass wir jetzt Korrespondenten in allen neuen Ländern
bräuchten. Daraus ist nur wenig geworden. Die Veränderung dieser
großen neuen Bundesrepublik in Europa haben wir nicht wirklich
angemessen bearbeitet.
In machtpolitischer Hinsicht war in dieser Zeit ja Rot-Grün so
etwas wie der Bezugspunkt, durchaus auch das ein westdeutsches
Projekt ...
Ja, aber das war dann schon weniger eine Emotionsfrage als ein
tagespolitisches Thema. Und Rot-Grün im Bund ab 1998 kam für die
FR zu einem Zeitpunkt, als die ökonomische Katastrophe sich schon
andeutete – mit dem Wegbrechen des Wohnungs- und Gebraucht-
wagenmarktes, wöchentlich vielen Dutzend Seiten privater Kleinanzeigen, die ins Internet abwanderten. Sie waren ein wirtschaftliches
Fundament der Rundschau gewesen, nicht die großen Konzernanzei-
gen wie bei der *FAZ*. In der Redaktion spielten nun auch neue Life-
style-Themen eine Rolle, es ging manchen vor allem um mehr Farbe,
schön geschriebene Geschichten, weg vom intellektuellen Anspruch,
hin zur edlen Feder.
Was sind die Lehren dieser Jahre für den Journalismus?
Die Frage ist ja die, wie die Zukunft des Printjournalismus insge-

samt aussieht. Die Wucht des Internets haben wir in den 90er Jahren unterschätzt. Jetzt wird es Texte weiter geben, nicht nur Bilder. Haltungen auch. Ich befürchte, dass die Gratwanderung zwischen Qualitätsjournalismus und Aktionsjournalismus noch schwieriger wird.

Muss Qualitätsjournalismus nicht manchmal auch Aktionsjournalismus sein, etwa wenn es um Nazis geht?

Er muss aber gut begründet, er muss gut abgesichert sein. Nicht erst hinsehen, wenn etwas ausbricht: auf der extremen Rechten wie auf der extremen Linken. Es geht um kontinuierliche Beobachtung. Die fehlt heute überall und wird ersetzt durch punktuelle, tagesaktuelle Erregung.

Schon mangels Masse, weil Korrespondentennetze nicht mehr zu finanzieren sind?

Dann müssen sich Medien eben zusammentun, gemeinsam diese kontinuierliche, verlässliche Beobachtung finanzieren. Wichtig wäre es auch, dass die Journalistinnen und Journalisten wieder mehr rausgehen können, dass der Arbeitsalltag das wieder zulässt. Das Gespräch suchen, nicht nur das offizielle. Das neugierige Gespräch, nicht immer nur sich abgrenzen voneinander. Die Kluft zwischen Journalismus, Wissenschaft und Politik ist doch riesig geworden. Wenn da wieder mehr Neugierde aufeinander wäre, kann vielleicht so etwas entstehen wie eine neue Aufklärung.

Scheitert Journalismus letztlich auch daran, dass wir die Wieder-Etablierung von rechten Denkweisen erleben?

Ich beobachte unser Nachbarland Frankreich sehr intensiv. Es gibt dort eine autoritäre, rechtslastige Entwicklung noch innerhalb des demokratisch-institutionellen Systems, die von den traditionellen Parteien aber kaum mehr beeinflusst wird. In der Wissenschaft wird das als „sanfter Autoritarismus" bezeichnet. Wenn heute unter den Erstwählern in Frankreich die Partei Le Pens die stärkste Kraft werden kann, was vor einigen Jahren noch undenkbar war, verschiebt sich massiv etwas. Dann scheitert politische Bildung in der Schule, es scheitert Aufklärung in der Familie – und es scheitert Journalismus mit.

Warum passiert das so?

Es hängt auch damit zusammen, dass sich in den Gesellschaften die nachwachsenden Generationen so in Klein- und Kleinstmilieus aufgespalten haben, dass sie sich alle ihre eigenen kleinen Informationsplattformen suchen, von denen sie glauben, dass sie schon die richtige Aufklärung für sich selbst beinhalten.

... weshalb ja Aufklärung abstrakt kein Wert an sich ist. Für welche Aufklärung muss wertegebundener Journalismus konkret stehen – in einer Gesellschaft, in der ja die Hälfte jeder Generation das hat, was man früher höhere Bildung nannte?

Da kommen wir zu der Frage, worauf bei der Bildung Wert gelegt wird. Ob Tests und Testpunkte im Zentrum stehen oder das Lernen mit Werten. Seit Pisa und den anderen Bildungsstudien, an denen sich Westdeutschland jahrzehntelang nicht beteiligt hatte, ist die Debatte nicht mehr auf Aufklärung und zum Beispiel Geschichtsbewusstsein ausgerichtet, sondern auf Punktsysteme, von Mathematik bis Rechtschreibung.

Der Bildungsjournalismus hat das nicht verhindert ...

Stimmt, haben wir nicht. Unter den wenigen Bildungsjournalisten, die es zu Zeiten der ersten Pisa-Tests noch gab – auch die sind großteils verschwunden –, hatte es aber erhebliche Bedenken gegeben, ob diese Art der Testerei und die daran ausgerichteten Lehrplanveränderungen bis hinein in die Hochschulen in die richtige Richtung gehen. Die Hochschulen übrigens haben es alle mitgemacht.

Eine Zeitung, die Plattform für den intellektuellen Diskurs sein will, muss irgendwann feststellen, dass dieser Diskurs einen Rückschritt in der politischen Kultur nicht aufhalten konnte?

Die Schuld daran der Zeitung zu geben, wäre eine Überhöhung dessen, was eine Zeitung erreichen kann. Selbst wenn sie sehr engagiert ist und ein hohes Vertrauensfundament hat. Aber sie müsste den intellektuellen Diskurs weiter pflegen, auch in schwierigen und sehr polarisierten Zeiten.

Jutta Roitsch, geb. 1942 in Königsberg. Nach dem Politikstudium am Otto-Suhr-Institut in Berlin Volontariat bei der *Hannoverschen Presse*, dann vom 1968 bis 2002 Redakteurin der FR, von 1968 bis 1971 in der Nachrichtenredaktion, zuständig für Nahost, Afrika und Hochschulpolitik, ab 1971 für die gesamte Bildungspolitik und die zunächst nur in der Deutschland-Ausgabe (überregional) eingerichtete Seite „Aus Schule und Hochschule", ab den achtziger Jahren zusätzlich verantwortlich für die Seite „Dokumentation".
Das Gespräch mit Jutta Roitsch führte Richard Meng.

DIE NACHT DER NÄCHTE

Maueröffnung in Berlin, erlebt und beschrieben
vom langjährigen DDR-Korrespondenten

Karl-Heinz Baum

9. November 1989. Ost-Berlin, DDR-Pressezentrum. Kurz vor Ende
der Pressekonferenz von Günter Schabowski, dem Mitglied im Politbüro der SED, stellt ein Journalist die Frage: „Was wird mit der Berliner Mauer?" Ich stehe auf und verlasse den Saal, zumal Schabowski
sagt: „Letzte Frage!" Das muss ich mir nach zwölf Jahren als DDR-
Korrespondent nicht anhören. Mich hält es nicht auf dem Platz: Ich
habe genug gehört. Außerhalb des Saals sage ich laut vor mich hin:
„Die machen ja die Mauer auf!" Ein Kollege zeigt mir den Vogel.

Ich lasse Revue passieren, was Schabowski gesagt hat: „Wir haben
uns dazu entschlossen, heute eine Regelung zu treffen, die es jedem
Bürger der DDR möglich macht, über Grenzübergangspunkte der
DDR auszureisen." – „Privatreisen nach dem Ausland können ohne
Vorliegen von Voraussetzungen, Reiseanlässen und Verwandtschafts-
verhältnissen beantragt werden. Die Genehmigungen werden kurz-
fristig erteilt." – „Das tritt nach meiner Kenntnis […] ist das sofort.
Unverzüglich."

Damit geht für mich die Mauer auf. Der Fahrstuhl bringt mich in den
dritten Stock ins Associated-Press-Büro. „Wo ist Ingo?" Ich frage nach
dem Korrespondenten der US-Nachrichtenagentur Ingomar Schwelz.
Sekretärin Barbara Knuth ist an diesem Tag noch im Büro: „Das wird
live übertragen; heute macht das West-Berlin." Ich greife zum Telefon.
AP-Büroleiter Berlin-West Frieder Reimold meldet sich. „Seid Ihr Euch
im Klaren, was eben passiert ist? Wo ist eure Blitzmeldung?" – „Ja,
wir sind ja dran." – „Man tau, man tau!" sage ich, der seine Jugend in
Hamburg verbracht hat. Das Platt bedeutet „Beeilt Euch!" Um 19.05
Uhr meldet AP: in einer Eilmeldung. „DDR öffnet Grenze." Andere
Agenturen melden: „DDR erweitert Reisemöglichkeiten." Später sagt
mir Frieder: „Du hast am Telefon gesagt: ‚Seid Ihr Euch im Klaren …
?' Ohne deinen Anruf hätte ich wohl vorsichtiger formuliert. So waren
wir die ersten mit ‚DDR öffnet Grenze' auf dem Draht."

Obwohl ich am frühen Morgen nur zwei Stunden auf dem kalten Steinboden in der Wohnung meines Freundes Thomas Krüger (seit 2000 Präsident der Bundeszentrale für politische Bildung) geschlafen hatte, schreibe ich am 9. November für die FR zehn Porträts über die neuen Politbüromitglieder der SED. Alle Stunde fragt die Redaktion: „Ist ein weiteres Porträt fertig?" Die Redaktion macht eine Sonderseite: Zehn neue Mitglieder kommen ins Politbüro, das im DDR-Volksmund als „Rat der Götter" verspottet wird. Bei „Ja" verbindet mich die Redaktion mit der Telefonaufnahme. Kurz vor fünf gebe ich das letzte Porträt durch, von denen tags darauf kaum jemand noch eins liest. Der Politik-Redaktion sage ich: „Ich fahre jetzt zur Pressekonferenz Schabowski um 18.00 Uhr. Egal, was er sagt, anschließend gehe ich ins Bett. Ich muss mal ausschlafen."

Nach Schabowski gehe ich nicht ins Bett, sondern in den Französischen Dom zur Veranstaltung „DDR und wie weiter?". Dort spricht von der Kanzel der Stellvertretende Vorsitzende des Bundes Evangelischer Kirchen in der DDR, Manfred Stolpe. Wer ahnt, dass er elf Monate später Ministerpräsident im Land Brandenburg und von 2002 an vier Jahre Bundesminister für Verkehr ist? In der Kirche sehe ich ganz vorn zwei mir gut bekannte Journalisten der Ost-Berliner Kirchenzeitung sitzen: Chefredakteur Gerhard Thomas und seinen Mitarbeiter Hartmut Lorenz. Ich setze mich dazu und zeige ihnen zwei Meldungen, eine von AP und eine der DDR-Nachrichtenagentur ADN; im AP-Büro noch schnell kopiert. Beide lesen gespannt: Dann sagt Hartmut sarkastisch: „Da siehst du mal, wie kaputt sie sind."

Da beide Stolpe hören wollen, gehe ich wieder. Drei Reihen weiter hinten am Gang sitzt eine westdeutsche DDR-Korrespondentin, die auch bei Schabowski war. „... und du sitzt hier so rum?", sage ich. – „Ja, ist doch nichts los." – „Wenn du meinst ...?" Als ich sie ein paar Tage später wiedersehe, kommt sie auf mich zu: „Du hältst mich seit dem 9. November für bekloppt, nicht?" – „Ganz so schlimm ist es nicht! Aber komisch war es schon." – „Ich bin während Schabowskis Pressekonferenz eingeschlafen. Beim Rausgehen fragte ich die Mitarbeiter des DDR-Außenministeriums. Sie sagten, er habe nichts Besonderes gesagt. Es war wohl ihre letzte Falschmeldung. Ich habe erst zu Hause vor dem Fernseher erfahren, was los ist und was du wolltest."

Anschließend fahre ich zu einem Freund, von dem ich weiß, dass er einen Pass hat. Den gibt es in der DDR nur selten. Bis August 1989 musste jeder, der einen Pass hatte mit der Berechtigung, in das NSA (steht für „Nichtsozialistisches Ausland", also Westen) zu fahren, ihn nach der Rückkehr bei der Polizei abgeben. „Du kannst morgen früh mit einem Stempel im Pass rüber!" Da meine ich noch, dass nur in den Westen fahren kann, wer einen Pass und einen Stempel der DDR-Behörden hat. Ich ahne nicht, dass die Menschen drei Stunden später die Maueröffnung erzwingen.

Seine Frau sagt: „Kommt nicht in Frage. Wir wollen morgen nach Heiligengrabe und die Hochzeit vorbereiten." Ich fahre zum nächsten Freund, der sich später als Stasimitarbeiter entpuppt. Tagesthemen-Moderator Hans Joachim Friedrichs sagt dort um 22.42 Uhr: „Journalisten müssten stets vorsichtig sein, ob ein Ereignis ein ‚Historischer Tag' sei. Doch heute sei es wohl erlaubt. Die Tore in der Mauer stehen weit offen." Da war die Mauer noch fest verschlossen. Sie öffnete sich eine dreiviertel Stunde später, als der Andrang zu groß wurde, als der Grenzkommandeur an der Bornholmer Straße – wie wir heute wissen – meldete: „Wir fluten jetzt." Nun will ich ganz schnell zur Mauer an der „Bornholmer Straße".

Um die Zeit wollen viele dahin. Es geht langsam voran. Ich nehme Nebenstraßen, um schneller voranzukommen. Fahre noch schnell bei einer Freundin vorbei, die immer hin und hergerissen ist, ob sie nun einen Ausreiseantrag stellen soll oder nicht. Ich will sie unbedingt in den Westen mitnehmen. Es brennt kein Licht in ihrer Wohnung. Da wird sie schon unterwegs sein.

Ich fahre weiter. Zwei junge Männer zwingen mich zum Anhalten. Ich kurbele das Fenster herunter. Einer steckt den Kopf ins Auto: „Fährst du zur Bornholmer?" – „Kann ich machen." So schnell ist noch keiner in mein Auto gestiegen. Scheinheilig frage ich: „Was wollt ihr da?" – „Die Bretter sind weg, die Bretter sind weg. 28 Jahre habe ich auf diesen Tag gewartet!" Ich frage meinen Nachbarn: „Wie alt bist du?" – „26!" Besser kann man die Wirkung der Mauer nicht beschreiben. DDR-Menschen sagen „Bretter", Mauer dürfen sie nicht sagen und wollen nicht „Antifaschistischer Schutzwall" sagen.

Schon auf der Wisbyer Sraße, die östliche Verlängerung der Bornholmer, stehen wir im Stau. Die beiden springen raus, rennen Richtung Grenze. Ich suche einen Parkplatz, finde einen, drei Kilometer Fußweg liegen vor mir. Als ich die Schönhauser Allee überquere„ ruft einer: „Guck mal da die Straßenbahn. Die Leute sitzen ahnungslos in der Bahn; der Fahrer ist zur Grenze." Der Fahrerplatz ist leer. Doch der Fahrer spricht mit zwei Polizisten.

Bald kommen mir Leute entgegen, die schon im Westteil Berlins waren. „Hurra, wir waren im Westen", oder: „So einfach ist das!" Als Beweis halten sie Westzeitungen hoch. Manch einer umarmt mich. Am Grenzübergang spricht mich ein Taxifahrer an: „Kannst du mir helfen? Vor fünf Minuten kam ich hier mit Fahrgästen an, habe das Taxi mit laufendem Motor stehen lassen, bin ein Stück nach oben gelaufen, komme wieder, da ist das Taxi weg." Ich suche mit, sehe kein leeres Taxi. „Da kann ich leider nicht helfen." Ich gehe die Brücke über die S-Bahn hoch und sehe nur jubelnde Menschen.

Immer auf Beobachtungstour: DDR-Korrespondent Karl-Heinz Baum im Sommer 1982 inmitten der Teilnehmenden bei der ersten Friedenswerkstatt („Hände weg für den Frieden") in der Berliner Erlöserkirche

Einer der Grenzsoldaten mit der Armbinde „Grenztruppe" bietet mir eine Zigarette an. Er kennt mich von vielen Grenzübertritten. Stets ist er freundlich zu mir. „Dass ich mit Ihnen hier eine Zigarette rauche, habe ich nicht mal im Traum geglaubt." Ich nutze die Gelegenheit: „Seit wann wisst ihr es?" – „Am späten Nachmittag klingelte das Telefon: Heute Nacht gehen die Schranken auf." Dafür fand ich keine Bestätigung.

Ein Grenzoffizier steht in einer Traube von Menschen aus Ost und West. Ich reihe mich ein. „Kommen Sie mit uns auf die andere Seite!" – „Das darf ich nicht. Das geht nicht." – „Kompromiss: Sie gehen jetzt mit uns bis zum weißen Strich (gemeint ist die Grenze). Dann gehen Sie einen Schritt weiter und sofort wieder zurück" – „Das habe ich schon gemacht."

Wer die Grenze überschreitet oder überfährt, den begrüßen und bejubeln in dieser Nacht zahllose Westmenschen. Einige grüßen mit französischem Sekt. Die Leute aus dem Osten sind mit Kind und Kegel unterwegs. Väter tragen ihr Kind auf den Schultern, Mütter haben die Kinder an der Hand. Mancher Hund kommt auch mit.

Was sie nach der weißen Linie sehen, überrascht sie: „Kiek mal, hier ist gar nichts, gar keine Grenze!" „Wahnsinn!" „Wahnsinn!" ist das typische Wort in dieser Nacht der Nächte in Berlin. Ich bin an der Bushaltestelle im Westen. Alle zwei bis drei Minuten fährt ein Doppeldecker Richtung West-Berlin Mitte: „Zoologischer Garten." Einer fragt einen Polizisten: „Ist der Zoo jetzt auf?" – „Nein, erst um 9.00 Uhr wieder." Aber wer will in dieser Nacht schon in den Zoo?

Ich gehe wieder auf die Brücke, schreite über die weiße Linie Richtung Ost. Gegen zwei Uhr rennt ein nackter Mann von West nach Ost, die Kleidung auf dem Kopf fest verankert, und schreit laut: „Nur so kann man über diese Grenze gehen! Nur so kann man über diese Grenze gehen!" Nachahmer findet er nicht.

Plötzlich höre ich meinen Namen: „Karl-Heinz! Karl-Heinz!" Es ist Peter Thomas Krüger, inzwischen verstorbener DDR-Korrespondent der *Neuen Ruhr/Rhein Zeitung* mit seiner Tochter. Bald stehen sie mir gegenüber. „Du hast es gesagt. Du hast es gesagt!" – „Was soll ich gesagt haben?" – „Weißt du nicht mehr? Am 6. Oktober hast du es gesagt im Fahrstuhl im Pressezentrum!" Mir fällt die flapsige Bemerkung wieder ein. Anlass war ein Gerücht, die DDR errichte an Oder und Neiße, also an der Grenze zu Polen, einen Stacheldrahtzaun. So wolle sie verhindern, dass noch mehr Menschen über die Botschaft der Bundesrepublik in Warschau in den Westen flüchten.

Für mich ist das ein Gerücht, andere versichern, das stimme. Ich schlage vor, nach Frankfurt/Oder zu fahren. Der NRZ-Kollege fragt: „Kann ich mitkommen?" – „Klar, das ist doch keine Geheimmission!" In Frankfurt/Oder finden wir keinen Hinweis auf den Bau eines Stacheldrahtzauns, selbst ein Freund aus Frankfurt/Oder macht sich auf den Weg und findet keinen Hinweis.

Im Fahrstuhl sagte ich: „Ich bin diese Gerüchte leid. Jeden Tag drei neue. Eines Tages kommt die Einheit und wir Korrespondenten haben es nicht bemerkt." Für den Kollegen ist die Maueröffnung, die wir gerade erleben, der erste Schritt zur Einheit. Wir diskutieren, wie lange es zur Einheit dauern wird. Mindestens ein paar Jahre. Im September 1989 diskutierten im DDR-Fernsehen der SPD-Vordenker Erhard Eppler (1926–2017) und der Vordenker der DDR-Ideologie Otto Reinhold (1925–2016) über das „SED-SPD-Papier – Der Streit der Ideologien und die gemeinsame Sicherheit". Eppler und ich hatten vereinbart, dass er sich nach der Fernsehdiskussion mit drei DDR-Korrespondenten trifft: mit Peter Nöldechen, Ingomar Schwelz und mir.

Eppler meldet sich pünktlich, sagt, er fahre jetzt mit Reinhold zum Abendessen. Wir sollen ins Gästehaus der SED am Oranienburger Tor kommen. Reinhold lade uns ein. Es wurde ein spannendes Gespräch. Zum Schluss stach mich der Hafer. „Herr Reinhold: Wie lange wollen Sie die Menschen in der DDR noch mit der Mauer festhalten? Sie belastet doch fast alle Menschen hier." Die Antwort des Rektors der DDR-Akademie für Gesellschaftswissenschaften: „Ohne die Mauer hat die DDR keine Existenz-Berechtigung mehr." Wenn er Recht hat, wird es die DDR nicht mehr lange geben.

Gegen halb drei nachts fahre ich von der Bornholmer Straße zum Brandenburger Tor. Menschen aus Ost und West haben die breite Mauer (eine Panzersperrmauer) erklettert. Oben hämmern sie. davor tanzen Paare zur Melodie: „So ein Tag so wunderschön wie heute." Weiter geht es ins AP-Büro. Ingo schläft auf einer Bank vor dem Büro. Ich will nicht schlafen, das könnte ich in meiner Wohnung auf der nahen Fischerinsel besser. Aber wann wache ich da auf?

Todmüde fange ich an zu schreiben. „Die Bretter sind weg ..." Ich schaue auf die Fernsehuhr, „5.41" ist die letzte Zeitangabe, die ich erinnere. Irgendwann höre ich Barbaras Stimme: „Gott sei Dank. Du lebst!" Dann erzählt sie, zur Schule sei sie nicht gekommen, es gab nur eine Richtung: Berlin-West. Im Pressezentrum sei ihr Sohn vorausgelaufen, habe die Tür nicht öffnen können und gerufen: „Mama, komm schnell. Hier liegt ein Toter." Die AP-Redaktion schreibt in ihrem internen Monatsbericht: „Der Tote im AP-Büro DDR."

Der „Tote" setzt sich an die Schreibmaschine und schreibt weiter. Um elf bin ich fertig, will telefonieren. Doch es gibt nur das Besetzt-Zeichen. Also probiere ich den AP-Fernschreiber. Nach drei Minuten bricht er zusammen. Ich fahre nach West-Berlin, wie üblich zum Grenzübergang Heinrich-Heine-Straße, an allen Wartenden vorbei. Der Grenzsoldat sagt: „Das ist heute das letzte Mal. Künftig müssen Sie warten wie alle anderen." Er ahnt nicht, dass es in ein paar Tagen keine Grenzkontrollen mehr gibt.

Gleich nach der Grenze ist die Post. Die Schlange ist riesig, ebenso warten an jeder Telefonzelle an die 50 Leute. AP-Redakteur Jürgen Metkemeyer kommt zufällig vorbei. Er ruft mir zu: „Wir fahren ins AP-Büro: Da kannst du telefonieren." Ich fahre hinter ihm her. Nach einem guten Kilometer stehen wir im Stau, noch weit weg vom AP-Büro. Ich drehe um und fahre zu einem Freund in Kreuzberg. Er ist zum Glück zu Hause. Telefonieren kann ich da auch. Ich melde mich bei der Politik-Redaktion. Die Kollegen sind überrascht, dass ich nicht wie angekündigt geschlafen habe. Doch da hätte ich ja den wichtigsten Tag in meinem Leben verschlafen.

Karl-Heinz Baum, geb.1941 in Breslau. 1945 Flucht nach Halstenbek bei Hamburg, Studium an der Freien Universität Berlin (Geschichte, Publizistik, Soziologie), ab 1965 Universität Mainz. Ab 1966 freier Journalist mit Berichten über Rheinland-Pfalz und das Saarland für zahlreiche Zeitungen, seit 1974 auch für die FR. 1977–1990 DDR-Korrespondent der FR, danach Korrespondent im Berliner Büro der Zeitung, seit 2003 freier Journalist und als DDR-Experte Referent in Schulen und Veranstaltungen.

NOTWENDIGES GEGENGEWICHT

Auschwitz-Prozesse, CDU-Schwarzgeldaffäre, NSU 2.0 –
politische Aufklärung in Hessen

Pitt von Bebenburg

Was ist das für eine Zeitung, die die Auschwitz-Prozesse möglich machte, die CDU-Schwarzgeldaffäre, den Steuerfahnder-Skandal, den sexuellen Missbrauch an der Odenwaldschule und das Ausmaß der rechtsextremen „NSU 2.0"-Bedrohung ans Tageslicht brachte? Was ist das für ein Blatt, dem Ministerpräsident Volker Bouffier Interviews verweigert? Die *Frankfurter Rundschau* und die hessische Landespolitik verbindet eine lange gemeinsame Geschichte, oft genug ging es mit harten Bandagen zu.

Manches in der hessischen Politik wäre ohne die *Frankfurter Rundschau* anders verlaufen. Von Beginn an war der FR die Landespolitik besonders wichtig, und im Laufe der Jahrzehnte hat sie auch immer wieder Skandale aufgedeckt. Umgekehrt haben sich Akteure und Akteurinnen der Landespolitik stets an der Berichterstattung der FR gerieben. Zugleich sahen viele von ihnen die Bedeutung einer unabhängigen, linksliberalen Berichterstattung und wussten sie zu schätzen, auch wenn sie unbequem war. Gut informiert war die FR jedenfalls immer.

Niemals hat sie sich deutlicher in Hessen eingemischt als im Jahr 1999. Es war Landtagswahlkampf, damals eine wirkliche Schlammschlacht, in der sich die hessische CDU gegen die neue rot-grüne Bundesregierung aufstellte und dabei auch ausländerfeindliche Töne anschlug. Roland Kochs CDU bediente mit einer Unterschriftenkampagne gegen die doppelte Staatsbürgerschaft Ressentiments – und die FR bezog die Gegenposition: Im Januar 1999 startete sie den „Frankfurter Aufruf" und rief ihrerseits Menschen zur Unterschrift auf.

„Frankfurt ist eine weltoffene und tolerante Stadt", hieß es in dem Appell. Und: „Frankfurt ist die Heimat aller Frankfurter, unabhängig von Pass oder nationaler Herkunft. Wir fordern die Rückkehr zur Toleranz." Die Resonanz war riesig. Bis zur Wahl unterzeichneten mehr als 100 000 Menschen den FR-Aufruf. Darunter waren

Persönlichkeiten wie Ignatz Bubis, damals Vorsitzender des Zentralrats der Juden, der designierte Bundespräsident Johannes Rau (SPD) und der aus Frankfurt stammende damalige Bundesaußenminister Joschka Fischer (Grüne). Die türkische Zeitung *Milliyet* übernahm den Aufruf. Vertreter des Deutschen Gewerkschaftsbundes (DGB), der evangelischen Kirche, von SPD und Grünen würdigten ihn als „notwendiges Gegengewicht" zur Unterschriftenkampagne der CDU. Die Union schäumte.

Nicht lange danach war es ausgerechnet Koch, der eine Landesbürgschaft für die FR billigte – jener Koch, der mit seiner Kampagne letztlich doch Ministerpräsident geworden war und nun von der FR-Berichterstattung über den Schwarzgeld-Skandal seiner Christdemokraten herausgefordert wurde. Koch handelte zwar nicht anders, als er es nach dem üblichen Bürgschaftsverfahren für andere mittelständische Betriebe gemacht hätte – aber immerhin, der Regierungs- und CDU-Chef legte der unbequemen Zeitung keine Steine in den Weg. Dabei hatte die FR Koch keine Ruhe gelassen, dessen Lüge von der „brutalstmöglichen Aufklärung" des CDU-Skandals hatte die Zeitung intensiv beschäftigt.

Im Januar 2000 war herausgekommen, dass die hessische CDU rund acht Millionen Mark heimlich ins Ausland transferiert und Rücküberweisungen als Vermächtnisse oder Kredite getarnt hatte. Der ehemalige CDU-Schatzmeister Casimir Prinz zu Sayn-Wittgenstein versuchte die Rückflüsse des Geldes als jüdische Vermächtnisse zu tarnen – eine Lüge, die im Land der Holocaust-Täter besonders übel aufstieß. Vor allem in einer Zeitung, die von Antifaschisten gegründet worden war, wenige Monate nach der Befreiung Deutschlands von den Nationalsozialisten.

FR-Korrespondent Matthias Bartsch war intensiv an der Aufdeckung dieses hessischen CDU-Skandals beteiligt. Rückblickend beschrieb Bartsch, wie schwierig das gewesen sei, da er als Einzelkämpfer im Rundschau-Büro gleichzeitig viele andere wichtige Themen zu bearbeiten hatte. Hilfreich sei jedoch gewesen, „dass der Wiesbadener Landtagskorrespondent in der FR traditionell eine ziemlich autonome Stellung bei der Festsetzung seiner Berichtsthemen hat". Und er fügte hinzu: „Es gab viel Ermunterung aus dem Frankfurter Stammhaus, in dem zunehmend realisiert wurde, dass die dubiosen Hessen-Vorgänge zumindest im Nennwert den Betrag der Kohl'schen Schwarzgeld-Konten um ein Mehrfaches überstiegen."

Die Union weist wegen der Bürgschaft bis heute auf Kochs Groß-
zügigkeit gegenüber der FR hin. Gerettet wurde die Zeitung aber
von Sozialdemokraten, deren Medienholding ddvg das Blatt durch
den Kauf von Anteilen im Jahr 2004 zunächst sicherte, auch wenn
später viele Arbeitsplätze abgebaut wurden. Die CDU konnte sich
dazu dann nicht verkneifen, das Thema im Hessischen Landtag
polemisch aufzugreifen – und beantragte im März 2013 eine Aktuelle Stunde zum Thema: „Arbeitsplatzabbau bei der *Frankfurter
Rundschau* beweist: Soziale Gerechtigkeit und Hessen-SPD schließen sich aus!".

*Immer in der Diskussion: FR-Korrespondent Pitt von Bebenburg moderiert ein
„FR-Stadtgespräch" zwischen dem Europaabgeordneten Daniel Cohn-Bendit
(Grüne, links) und dem hessischen Innenminister Volker Bouffier (CDU, rechts)
im Juni 2006*

Im Plenum des Landtags wird die *Frankfurter Rundschau* regelmäßig zitiert, hundertfach in jeder Legislaturperiode. Allerdings geht es
dabei in der Regel nicht um die Lage der Zeitung, sondern um politische Neuigkeiten, Interviews und Kommentare. Da heißt es dann:
„Das hat die *Frankfurter Rundschau* dankenswerterweise recherchiert" (Janine Wissler, Die Linke), „Meine Damen und Herren, das
ist keine Erfindung der Opposition, das ist eine Überschrift aus der

Frankfurter Rundschau" (Christoph Degen, SPD) oder sogar: „Ich zitiere mit Freude aus der *Frankfurter Rundschau"* (Tarek Al-Wazir, Grüne). Die FR liegt auf vielen Abgeordnetenbänken. Ihre landespolitischen Artikel werden täglich im „Pressespiegel 1" ausgewertet, der sich auf die vier „Hauptzeitungen Hessens" beschränkt – dazu zählt die Landtagsverwaltung neben der Rundschau noch die *FAZ*, den *Wiesbadener Kurier* und die *Bild-Zeitung*.

Die FR-Journalisten und Journalistinnen nutzen eines von mehreren Büros im Landtagsgebäude, die der Landespressekonferenz – den regelmäßigen Berichterstatterinnen und Berichterstattern – vom Parlament zur Verfügung gestellt werden. Seit vielen Jahrzehnten hat sich dieses Modell in Wiesbaden eingebürgert. Damit sind die FR-Leute näher dran am Geschehen als ihre hessischen Kolleginnen und Kollegen aus Medien fern von Wiesbaden, aber auch näher dran, als das in Berlin oder den meisten Landeshauptstädten möglich ist.

Das ist hilfreich, um auf dem Laufenden zu bleiben über politische Vorhaben, die noch nicht spruchreif sind, aber schon auf den Fluren diskutiert werden – oder über Personalentscheidungen, über die hinter vorgehaltener Hand gesprochen wird. Die exponierte Lage macht es umgekehrt auch leichter für Sprecherinnen/Sprecher und Abgeordnete, die Presseleute anzusprechen und zu versuchen, sie für ihre Themen und Positionen einzunehmen. Da ist Standhaftigkeit auf der journalistischen Seite gefragt. Wenn ein Minister oder eine Behörde Themen setzen wollen, wird das in der FR vorher mehrfach abgewogen; wenn die Akteure umgekehrt verhindern wollen, dass eine unangenehme Neuigkeit herauskommt, ist für die FR immer klar: gründlich recherchieren und dann heraus mit der Wahrheit.

Der spätere FR-Chefredakteur Jochen Siemens schrieb aus Wiesbaden ebenso wie Richard Meng, der danach die Bundespolitik aus Bonn und Berlin analysierte und stellvertretender FR-Chefredakteur wurde, bevor er selbst in die Berliner Landespolitik wechselte. Karl Doemens, später Berlin- und dann USA-Korrespondent der FR, gehörte zu den Rundschau-Leuten in der Landeshauptstadt – ebenso wie Matthias Bartsch, der später zum Nachrichtenmagazin *Der Spiegel* wechselte.

Einer, der noch vor den späteren Korrespondenten Bernd Jasper und Günter Hollenstein aus Wiesbaden für die FR berichtete, darf nicht vergessen werden: Thomas Gnielka, Korrespondent von 1957 bis 1960, der entscheidend dazu beitrug, dass die Frankfurter Auschwitz-Prozesse möglich wurden. Dem hessischen Generalstaatsanwalt Fritz Bauer lieferte Gnielka dafür wesentliche Dokumente. Die Aufarbeitung der Nazi-Vergangenheit, auch von Landespolitikern der ersten Jahrzehnte, war der FR von Anfang an ein dringliches Anliegen. Erst nach 65 Jahren befasste sich der Hessische Landtag selbst mit der Nazi-Geschichte der eigenen Abgeordneten – das Thema wurde endlich angegangen, als die Linke in den Landtag eingezogen war und den Anstoß zur Aufarbeitung gab.

Die *Frankfurter Rundschau* berichtete ausführlich, als der Historiker Albrecht Kirschner herausarbeitete, dass in der Nachkriegszeit 92 von 403 Landtagsabgeordneten der Jahrgänge 1928 und früher Mitglieder der NSDAP gewesen waren. Die folgende Studie der Historikerin Sabine Schneider, die sich 2019 detailliert mit einzelnen Lebenswegen auseinandersetzte, wurde nur in der FR ausgiebig gewürdigt. Dabei zeigte sich auf erschreckende Weise, wie nahtlos ehemalige Nazis wie in der Nachkriegszeit politisch Karriere machen konnten.

Der Kampf gegen rechtsextreme und rassistische Bestrebungen bleibt bis heute ein Thema, das die FR mit besonderem Engagement verfolgt. Die Bluttaten des „Nationalsozialistischen Untergrunds" (NSU), zu dessen Opfern zwei Hessen gehörten, der Mord am CDU-Politiker Walter Lübcke und die Terrormorde an neun Hanauern prägten und prägen die Berichterstattung.

Oft war die FR ganz vorne dabei, wenn es um Recherchen zur hessischen Landespolitik ging. Etwa im Sommer 2020, als die Zeitung exklusiv berichtete, dass Linken-Fraktionschefin Janine Wissler Morddrohungen mit dem Absender „NSU 2.0" und persönlichen Daten erhielt – und kurz darauf, als die FR herausfand, dass solche Daten von Polizeirechnern abgerufen worden waren. Auch der Fall der Kabarettistin Idil Baydar, die ebenfalls von „NSU 2.0" bedroht wurde, nachdem ihre Daten vom Polizeicomputer abgegriffen worden waren, kam durch die Recherchen der Zeitung heraus. Es war der Auftakt zu einer bundesweiten Debatte über rechtsextremistische und rassistische Strukturen in der Polizei.

Die Landespolitik musste reagieren. So entließ Innenminister Peter Beuth (CDU) den Landespolizeipräsidenten Udo Münch, setzte eine Expertenkommission zur Zukunft der hessischen Polizei ein und musste hinnehmen, dass der Posten eines oder einer unabhängigen Polizeibeauftragten geschaffen wurde. All dies waren Folgen der FR-Recherchen über die Dimension des „NSU 2.0"-Skandals.

Auch andere Themen bewegten die FR in der Landespolitik jahrzehntelang. Der Protest gegen die atomare Wiederaufarbeitung in Hanau war ein ebenso heißes Eisen wie die Demonstrationen gegen den Ausbau des Frankfurter Flughafens – und die politischen Debatten, die über die Startbahn West wie über die Nordwest-Landebahn oder das Terminal 3 im Landtag geführt wurden. Joschka Fischer und Roland Koch waren zwei besonders redegewandte Protagonisten dieser Zeiten.

Überhaupt die hessische CDU: die lange Zeit stramm konservative Partei der Dreggers, Kanthers und Kochs war der FR ein Dorn im Auge – und umgekehrt. Nicht immer ging die Zeitung zartfühlend mit den Konservativen um, die ihrerseits zurückzukeilen verstanden. Da wurde schon mal der Korrespondent persönlich beleidigt, wenn der CDU-Innenpolitiker Alexander Bauer etwa 2011 „die erschreckende Amnesie von Rot-Grün und Herrn von Bebenburg" geißelte – in dem Versuch, Koch-Nachfolger Volker Bouffier (CDU) von Vorwürfen reinzuwaschen.

Was hatte den Unionspolitiker und seinen Pressesprecher zu dieser Wutattacke hingerissen? Die FR hatte die „Federball-Affäre" aufgedeckt. Ein linker Aktivist aus der Nähe von Gießen, der den Gießener Politiker Bouffier wiederholt genervt hatte, war für mehrere Tage arrestiert worden – rechtswidrig, wie sich herausstellte.

Einen Untersuchungsausschuss zu diesem Fall gab es nie, sehr wohl aber mehrere Untersuchungsausschüsse, die eingerichtet wurden, nachdem die FR Skandale aufgedeckt hatte. So war es beim Fall der Frankfurter Steuerfahnder, die aufgrund falscher psychiatrischer Gutachten aus dem Dienst entfernt worden waren, nachdem sie gegen große Steuerhinterzieher ermittelt hatten. Ein Interview mit Ex-Steuerfahnder Frank Wehrheim zu diesem Komplex, das in der FR erschien, wurde zudem zum Anlass für eine „Aktuelle Stunde".

Nicht nur hier ließ die *Frankfurter Rundschau* die Betroffenen ihre Sicht der Dinge schildern. Nachdem die Zeitung im Jahr 2017 Medikamententests an Heimkindern in den 50er, 60er und 70er Jahren aufgedeckt hatte, lud der Landtag Opfer ein, um ihnen zuzuhören. Auch die Recherchen zum sexuellen Missbrauch von Kindern und Jugendlichen an der südhessischen Odenwaldschule schockierten die Landespolitiker und Landespolitikerinnen, mündeten in intensive Debatten und in eine Anhörung von Betroffenen.

Im Jahre 1999 hatte FR-Reporter Jörg Schindler erstmals über die jahrzehntelangen Übergriffe von Lehrkräften auf Schüler und Schülerinnen der Reformschule berichtet, nachdem Betroffene den Mut gefunden hatten, reinen Tisch zu machen. Die Öffentlichkeit zuckte nur kurz auf. Erst 2010, als Schindler das Thema in der FR erneut aufgriff, kam es auf die Tagesordnung in der gesamten Republik. Wahrscheinlich auch deshalb, weil im gleichen Frühjahr der Missbrauch zahlreicher Schüler auf dem katholischen Berliner Canisius-Kolleg öffentlich geworden waren. Die Aufarbeitung des Missbrauchs an der Odenwaldschule in mehreren wissenschaftlichen Studien förderte zutage, dass dort mehr als 500, wahrscheinlich sogar 1000 Schülerinnen und Schüler Opfer der sexualisierten Gewalt geworden waren. Die Tragödie wäre womöglich niemals bekannt geworden, wenn die FR nicht hartnäckig berichtet hätte.

Zuweilen wurden investigative Rechercheure auch als Experten vom Landtag angehört. So berichtete der Kasseler FR-Mitarbeiter Joachim Tornau den Abgeordneten im Jahr 2015 detailliert über die nordhessische Naziszene, als sich ein Untersuchungsausschuss mit dem Ermittlungsdesaster nach den Morden des rechtsterroristischen „Nationalsozialistischen Untergrund" (NSU) befasste. Im Laufe der Ausschussarbeit wurde deutlich, dass Tornau und andere Journalistinnen und Journalisten weit besser im Bilde waren über die Gefahr von rechts als das Landesamt für Verfassungsschutz, das eigentlich diese Aufgabe hätte übernehmen sollen. Der Verantwortliche für den Verfassungsschutz und die Polizei, die nach den NSU-Morden keine Spuren in den Rechtsextremismus entdeckt hatten, war der damalige Innenminister und spätere Ministerpräsident Bouffier. Als im März 2021 ein weiterer Untersuchungsausschuss in die öffentliche Beweisaufnahme startete, der sich den blinden Flecken des hessischen Verfassungsschutzes vor dem Mord an Regierungspräsident Walter Lübcke (CDU) zuwandte, wurde FR-Experte Tornau erneut geladen – gleich als erster Sachverständiger.

Das Verhältnis der FR zu Bouffier blieb angespannt. Dabei war er in seiner Zeit als Innenminister noch ein zugänglicher Gesprächspartner gewesen, der 2006 zum „FR-Stadtgespräch" nach Frankfurt kam, um mit dem Grünen Daniel Cohn-Bendit kurz vor der Fußball-Weltmeisterschaft in Deutschland über die Bedeutung des schwarz-rot-goldenen Nationalgefühls bei solchen Sportereignissen zu streiten. Von Ende 2010 an, kurz nach seinem Amtsantritt als

Regierungschef, sagte Bouffier auf Interviewanfragen der FR dann aber regelmäßig ab.

Das fiel lange niemandem auf, bis die Zeitung den Interviewboykott zum Thema machte – mit einem erfundenen Interview mit nichtssagenden Bouffier-Zitaten aus anderen Interviews, das 2018 erschien. Jetzt wurde der Boykott bundesweit wahrgenommen, in Hessen empörten sich SPD und Linke und holten die Debatte ins Landtagsplenum, Motto: „Auch Ministerpräsidenten müssen kritische Fragen ertragen". Insbesondere, da es sich bei der FR um eine „bekannte, traditionsreiche und unzweifelhaft den Werten der Demokratie, der Freiheit und der Bürgerrechte verbundene Tageszeitung" handele.

Im August 2018 erklärte Bouffier dann nach Jahren, warum er der FR keine Interviews gebe. Es ging immer noch um einen Artikel von 2011 über seine Neffen, den er der FR übelnahm. Der hessische Verdi-Chef Jürgen Bothner sagte daraufhin der linken Tageszeitung *taz*: „Was ich nicht verstehe, ist ein seit sechs Jahren währender offener Interviewboykott der FR. Sie ist nicht irgendeine Zeitung. Das geht zu weit. Wie groß der Ärger auch immer war." Allerdings schrieb der Regierungschef dann ein Grußwort, als die *Frankfurter Rundschau* im Jahr 2020 ihr 75-jähriges Bestehen feierte.

Vielfach wurde das Engagement der FR geehrt, mehrfach gab es dafür den Hessischen Journalistenpreis. Joachim Wille und Matthias Thieme erhielten ihn für die Berichterstattung über die „hessischen Verhältnisse" des Jahres 2008, als die SPD-Landesvorsitzende Andrea Ypsilanti an den eigenen Leuten scheiterte. Anne Lemhöfer bekam die Auszeichnung für ihren Bericht über die Integration von Flüchtlingen; Pitt von Bebenburg für seine Artikel über das „Politik-Labor Schwarz-Grün" in Hessen, als 2014 die bundesweit beachtete Koalition aus CDU und Grünen, von Volker Bouffier und Tarek Al-Wazir, ins Amt gestartet war.

Karl Doemens war bereits 1999 bei der Verleihung des Wächterpreises der Tagespresse bedacht worden für seine Berichterstattung über die sogenannte „Cousinenaffäre" der früheren hessischen Jugendministerin Margarethe Nimsch (Grüne). Sie hatte einer Bekannten und Parteifreundin Aufträge für ein Ausbildungsprojekt für Jugendliche zukommen lassen, die eigene Fraktion entzog ihr die Unterstützung. Nimsch trat zurück. Es waren also keineswegs nur Leute aus der traditionell stramm konservativen Hessen-CDU, die es mit der FR zu tun bekamen – aber häufig waren die politischen Unvereinbarkeiten hier am größten.

Einmal allerdings kam die FR der hessischen CDU quasi zu Hilfe und verhinderte mit ihrer kritischen Berichterstattung eine Peinlichkeit im Wahlprogramm. Im Entwurf zur Landtagswahl 2018, das Bouffier bei einer Pressekonferenz vorstellte, hatte sich ein Fehler eingeschlichen – weil in einem Passus über erschwerte Flüchtlingsaufnahme auch Länder genannt wurden, die dort nicht hineingehörten. Afghanistan und Pakistan sollten zu sicheren Herkunftsländern erklärt werden, hieß es da, was zu verkürzten Asylverfahren geführt hätte.

So aber war es gar nicht gemeint – wie sich herausstellte, nachdem die FR über die scheinbaren Verschärfungspläne berichtet hatte. Die CDU reagierte auf den FR-Bericht. Beim Landesparteitag, der zwei Tage nach Bouffiers Pressekonferenz das Programm beschließen sollte, konnte sie ihren Lapsus noch ausbügeln. Für die Partei eine Panne, für die geflüchteten Menschen ein Glück.

Pitt von Bebenburg, geb. 1961 in Hamburg. Studium der Soziologie in Frankfurt, seit 1980 Arbeit für die FR, zunächst als freier Mitarbeiter in der Stadtteilredaktion und im Sport. Nach dem Volontariat 1990/91 Stationen in der Lokalredaktion Main-Taunus sowie in der Nachrichtenredaktion, ab 1995 als stellvertretender Leiter. 2000 bis 2003 Korrespondent im FR-Hauptstadtbüro in Berlin, anschließend Leitender Redakteur im Ressort Politik, ab 2005 landespolitischer Korrespondent in Wiesbaden.

VON TRÄUMEN, TÜRMEN UND THEATERN

Zwölf Bilder, die vom Verhältnis der Zeitung zu ihrer Stadt erzählen

Claus-Jürgen Göpfert

„Die Erinnerung ist das einzige Paradies, aus dem wir nicht vertrieben werden können", schreibt Jean Paul. Doch die Erinnerung ist zugleich ein vertracktes Ding: Sie birgt die Gefahr, Geschehnisse zu verklären. Nach mehr als 35 Jahren als Redakteur der *Frankfurter Rundschau* drängen sich mir viele Bilder auf, die von der FR und dem Verhältnis zu ihrer Stadt, Frankfurt am Main, erzählen. Auf den folgenden Seiten will ich einigen wenigen nachgehen. Und mich dabei vor Sentimentalität hüten.

Das erste Bild: Das Jahr 1987, Herbst. Wir stehen am frühen Freitagnachmittag an einem Fenster des alten Rundschau-Hauses am Eschenheimer Turm und blicken auf die Straße hinunter. Wir, das sind Kollegen aus der Redaktion (Kolleginnen gab es damals nur wenige, das hat sich zum Glück geändert). Wir sehen zu, wie sich vor dem Kiosk im Erdgeschoss des Hauses eine lange Warteschlange bildet, wie die Telefonzellen ringsum von Wartenden belegt werden. Gleich wird die Nachmittagsausgabe der FR ausgeliefert werden, mit dem dicken Anzeigenteil fürs Wochenende. Die Menschen reißen sie den Verkäufern aus den Händen, es geht darum, beim Anruf für eine inserierte Wohnung oder ein Auto zuerst durchzukommen.

Für uns in der Redaktion war das stets ein schönes und beruhigendes Bild. Es signalisierte uns, dass die Zeitung auch wirtschaftlich gebraucht wurde. (Davon, dass Interesse an unseren Artikeln bestand, gingen wir ohnehin aus.) Das siebengeschossige Rundschau-Haus, 1953 nach dem Entwurf des Architekten Wilhelm Berentzen errichtet, war mit seiner gegliederten Fassade aus Stahl und Beton und der runden Ecke an der Stelle, wo Stiftstraße und Große Eschenheimer Straße zusammentreffen, eine architektonische Ikone der Nachkriegsmoderne. Doch es ging um mehr. Das Rundschau-Haus war ein gebautes Bekenntnis der Zeitung zu ihrer Stadt. Es stand natürlich im Zentrum Frankfurts und würde, das nahmen wir an, immer dort stehen. Die FR belegte damals ein ganzes Quartier zwischen Großer Eschenheimer Straße und Stiftstraße, es gab dort eine eigene Schlosserei und eine eigene Schreinerei, lange wurde die Zeitung auch dort gedruckt. Natürlich aßen wir in der FR-Kantine unter dem Dach mit ihren bunt gekachelten Wänden, ganz oben besaß der FR-Karikaturist Felix Mussil sein eigenes Atelier, das nur betreten durfte, wer eingeladen war. Einschließlich der Druckerei arbeiteten gegen Ende der 80er Jahre etwa 1700 Beschäftigte im Druck- und Verlagshaus.

Heute ist das Rundschau-Haus längst abgerissen. 2006 ist an seine Stelle ein Bürogebäude getreten, das in keiner Weise Bezug nimmt auf die Geschichte des Ortes, sondern wie ein Raumschiff wirkt, das zufällig dort gelandet ist. Auch die Telefonzellen sind verschwunden. Das FR-Stammgelände war verkauft worden, aus schieren wirtschaftlichen Zwängen heraus, um das Überleben der Zeitung zu sichern. Dass das Rundschau-Haus nicht unter Denkmalschutz gestellt wurde und erhalten blieb (wofür die Fachleute plädiert hatten), war ein großer Fehler, aber es war zugleich die zwangsläufige Begleiterscheinung des Verkaufs. Die FR-Redaktion hat sich seit 2005 auf Reise durch ihre Stadt begeben, vier Standorte lernte sie bisher nacheinander kennen.

Das zweite Bild: Die Hitze des August 1987. Frankfurt am Main ist stets der Ort bürgerschaftlichen Engagements gewesen, auf diese Tradition kann die Stadt stolz sein. Und die Redaktion der *Frankfurter Rundschau* hat ihre Aufgabe darin gesehen, Initiativen „von unten" zu unterstützen. Die journalistische Regel lautete allerdings stets: dabeisein, aber nicht dazugehören. Bei aller Sympathie für politische Bewegungen sich nicht mit ihnen gemeinmachen. So galt das auch am Börneplatz: Bei Ausschachtungen für ein geplantes Verwaltungsgebäude der Stadtwerke ist man im Sommer 1987 auf die Überreste des jüdischen Ghettos gestoßen. Keine Überraschung: Alle Fachleute wussten, dass hier früher einmal die kleinen, schmalbrüstigen Häuser standen, in denen über Jahrhunderte die jüdische Bevölkerung Frankfurts gelebt hatte. Doch Oberbürgermeister Wolfram Brück (CDU) will dennoch den Stadtwerke-Neubau an dieser Stelle durchsetzen.

Eine junge Generation der Jüdischen Gemeinde entschließt sich, das nicht hinzunehmen, sie fordert die Erhaltung der Funde, unter anderem gut erhaltener Ritualbäder. Immer mehr Menschen schließen sich dem Protest an, schließlich wird die Baustelle besetzt. Mit Plakaten wie „Diskutieren statt Betonieren!" sitzen sie vor den Baggerschaufeln auf der Erde. Nach drei Tagen lässt der OB die Baustelle von der Polizei räumen. Der faule politische Kompromiss, für den sich Kulturdezernent Hilmar Hoffmann (SPD) eingesetzt hat: Ein Drittel der Fläche wird für eine Dependance des Jüdischen Museums reserviert, doch das Bürogebäude entsteht. Die besondere Ironie: Einige Jahre später geben die Stadtwerke das Gebäude auf, es beherbergt heute das städtische Planungsdezernat.

Das dritte Bild: Der Abend des 10. März 1989. Über den dunklen Römerberg im Frankfurter Stadtzentrum zieht ein Fackelzug, Rufe sind zu hören: „Nazis raus!" Der Sozialdemokrat Volker Hauff tritt aus dem Eingang des Rathauses, er ist blass und wirkt besorgt. Das passt auf den ersten Blick nicht zum historischen Sieg der Sozialdemokraten bei der Kommunalwahl. Sie haben 40,1 Prozent der Stimmen errungen und können nun mit den Grünen (10,2 Prozent) über die Bildung der ersten rot-grünen Stadtregierung überhaupt in der Frankfurter Geschichte verhandeln. Doch überlagert wird dieses Ergebnis vom Erfolg der rechtsradikalen NPD. Sie zieht mit 6,6 Prozent der Stimmen und dem Slogan „Frankfurt muss eine deutsche Stadt bleiben" erstmals ins Stadtparlament ein. Ganz Deutschland schaut an diesem Abend auf dieses beschämende Resultat.

Es erweist sich 1989, was bis heute gilt. Frankfurt am Main, die fünftgrößte deutsche Stadt, ist ein politisches Labor für die Bundesrepublik Deutschland. Hier werden politische Mischungsverhältnisse getestet, die später weit über die Kommune hinaus Bedeutung erlangen. Und die *Frankfurter Rundschau* spielt dabei als kritischer Begleiter eine wichtige Rolle.

Das gilt 1989 zunächst, als sich der FR-Redaktion die Frage stellt: Wie gehen wir publizistisch mit der rechtsradikalen NPD um? Können wir über sie berichten, wie über andere Parteien? Sehr rasch ist klar, dass dies nicht sein kann, nicht sein darf. Die FR-Redaktion wird sich nicht zum Sprachrohr rechtsextremer Parolen machen. Auch die anderen Frankfurter Zeitungen entscheiden sich für diese Haltung. Die NPD wird in der Berichterstattung marginalisiert.

SPD und Grüne schließen ein politisches Bündnis, das wegweisend sein wird für die Bundesrepublik. Der Koalitionsvertrag entwirft auf 55 Seiten ein soziales, städtebauliches und ökologisches Reformprogramm. Es findet Nachahmer in etlichen Kommunen und bereitet die

Mann mit Hut, gern im Hintergrund: Stadtreporter Claus-Jürgen Göpfert hinter seinem Gesprächspartner Tom Koenigs (Grüne) – ehemals Frankfurter Kämmerer, Bundestagsabgeordneter, Menschenrechtsbeauftragter

rot-grüne Bundesregierung vor, die dann von 1998 bis 2005 zusammenfinden wird. In Frankfurt entsteht ein Umweltdezernat und ein Dezernat für multikulturelle Angelegenheiten, das zum ersten Mal spiegelt, dass Frankfurt eine Stadt der Einwanderung ist. Frankfurt beginnt, sich städtebaulich grundlegend zu verändern: Die Mainufer öffnen sich für die Menschen, es entstehen Wohnviertel am Fluss und ein Grüngürtel rund um die Stadt. Die FR-Redaktion unterstützt diese Entwicklung auch gegen Widerstände, organisiert Podiumsdiskussionen, die zum Teil sehr kontrovers verlaufen.

Das vierte Bild: Der Abend des 23. September 1993. Im Stadtparlament soll der Grüne Lutz Sikorski zum neuen Umweltdezernenten gewählt werden. Zuvor hatte der populäre Politiker, der stets auf Ausgleich bedacht war, der FR ein Interview gegeben, in dem er ungewohnt harte Worte fand. So bezeichnete er die Stadtwerke, die ihm bald unterstehen werden, als Sumpf, der trockengelegt gehört. Dort hatte es eine Reihe von Korruptionsfällen gegeben. Die Stadtwerke sind eine Hochburg des rechten SPD-Flügels. Nach der Auszählung der geheimen Wahl fehlen Sikorski vier Stimmen aus der Koalition, er ist gescheitert. Oberbürgermeister Andreas von Schoeler (SPD) verliert seine sonst übliche Contenance und schimpft hochroten Kopfs auf die „vier Schweine" in den eigenen Reihen. Bis heute ist unklar, wer Sikorski hat durchfallen lassen. Es spricht aber viel dafür, dass es Angehörige des rechten SPD-Flügels waren, denen die Reformpolitik zu weit ging und die sich über den Grünen geärgert hatten.

Dieser Abend ist bereits der Anfang vom Ende der rot-grünen Koalition. Sie zerfällt endgültig am 15. März 1995, nachdem die Wiederwahl der grünen Frauen- und Gesundheitsdezernentin Margarethe Nimsch fehlgeschlagen ist, wieder wegen vier fehlender Stimmen. Es ist ein Aus mit großer politischer Tragweite. Geplante rot-grüne Projekte, die aber ohnehin auf erbitterten Widerstand aus der Wirtschaft gestoßen sind, kommen nicht: die autofreie Innenstadt, der Stopp des Flughafen-Ausbaus. Die FR kritisiert dieses Scheitern und bedauert, dass Vorhaben wie etwa der Wandel des Osthafens zum Wohnviertel auf der Strecke bleiben.

Das fünfte Bild: In der Redaktion am Oster-Wochenende 1994, vom 2. bis 4. April. Stunden voller Anspannung und Unsicherheit. Gerüchte erreichen mich, die eine unglaubliche Geschichte erzählen. Einer der erfolgreichsten Unternehmer der Bundesrepublik, der Frankfurter Baulöwe Jürgen Schneider, soll spurlos verschwunden sein. Ist er krank oder gar tot, Opfer einer Entführung? Schneider war seit 1982 zu einem Immobilieninvestor aufgestiegen, dem alles zu gelingen schien. 1988 hatte er den historischen „Fürstenhof" in Frankfurt aufgekauft und zum modernen Bürohaus umgebaut, es folgten das Einkaufszentrum „Les Facettes" an der Zeil, die Schiller-Passage, in München das Palais Bernheim, in Wiesbaden das Hotel Rose, in Leipzig die Mädler-Passage. Über Tage keine Bestätigung des Abtauchens, bis es mir gelingt, eine Vertraute des Milliardärs zu erreichen. Sie erzählt, dass Schneider erkrankt sei, sich jedenfalls von allen Geschäften zurückgezogen habe.

Erst nach und nach wird klar: Der gebürtige Frankfurter, dem mehr als 150 Immobilien gehören, ist auf der Flucht. Er hatte mit falschen Angaben immer neue Millionenkredite von den Banken ergaunert, doch seine Bauten rechneten sich nicht. Als er floh, standen Forderungen von 6,7 Milliarden Mark im Raum. Viele Arbeitsplätze gingen verloren. Es ist der bis dahin größte Immobilienskandal der Nachkriegsgeschichte. Er konnte nur in Frankfurt am Main seinen Ausgangspunkt haben, denn dort gingen Bau-Spekulanten schon seit den 1960er Jahren mit besonderer Rücksichtslosigkeit vor. Die FR bleibt an der Geschichte dran, fast täglich, bis Schneider am 18. Mai 1995 in Florida festgenommen wird.

Das sechste Bild: Der 22. Juni 1995, ein fast perfekter Sommertag. In einem Café in der Altstadt treffe ich die Frau der Stunde: die CDU-Politikerin Petra Roth. Die Landtagsabgeordnete war von ihrer Partei als Kandidatin bei der ersten Direktwahl eines Stadtoberhaupts in Frankfurt am Main ins Rennen geschickt worden. Eigentlich nur als Testlauf, mit einem Sieg rechnete bei den männlichen CDU-Granden niemand, zu fest schien SPD-OB Andreas von Schoeler im Sattel zu sitzen. Doch dann macht der Sozialdemokrat Fehler über Fehler, tritt auch arrogant auf. Vor allem aber ist er der oberste Repräsentant einer nur drei Monate zuvor geplatzten rot-grünen Römer-Koalition.

Kurz vor dem Wahltag sehen die Umfragen Roth vorn. In unserem Gespräch macht sich die damals 51-Jährige „mit Muffensausen" klar, dass sie tatsächlich gewinnen kann. Aber was dann? Sie hat eigentlich gar kein Programm. Sie wärmt nur vertraute Motive bürgerlicher Politik auf: Sicherheit und Sauberkeit, mit ihrer Aktion „Petra Roth räumt auf", bei der sie Müll aus dem Straßengraben holt.

Am Sonntag, 25. Juni 1995, siegt Roth mit 51,9 Prozent im ersten Wahlgang. Es ist eine Sensation. Die erste Frau an der Spitze der fünftgrößten deutschen Stadt, ein bundesweites Signal. Der Auftakt einer beispiellosen Karriere. Bis zu ihrem Rücktritt 2012 wird sie dreimal wiedergewählt, steht fast ein Jahrzehnt an der Spitze des Deutschen Städtetages, ist 2012 als mögliche Bundespräsidentin im Gespräch. In diesen siebzehn Jahren stürzt die SPD ins Bodenlose ab, werden die Grünen zum Partner der CDU. Die FR kritisiert Roth anfangs scharf, als Chaotin ohne Konzept. Doch die tatsächliche Politik Roths nötigt nach und nach Respekt ab. Strikt im Widerspruch zum Kurs der Bundes-CDU unterstützt die OB eine moderne Drogenpolitik mit medizinischer Hilfe für die Kranken statt Repression. Sie fördert die gesellschaftliche Integration von Migranten und den Bau von Moscheen, stärkt die Rechte von queeren Menschen. Wird zur Sprecherin der deutschen Städte, als deren wichtigste Einnahmequelle, die Gewerbesteuer, gestrichen werden soll.

Das siebte Bild: Am 10. August 2000 betritt ein schüchtern wirkender, schlaksiger junger Mann den Sitzungssaal des Magistrats im Römer. An seiner Seite OB Petra Roth und Kulturdezernent Hans-Bernhard Nordhoff (SPD). Die beiden präsentieren den Medienvertretern den 32-jährigen Kunsthistoriker Max Hollein. Der gebürtige

Österreicher soll neuer Künstlerischer und Kaufmännischer Direktor der Schirn Kunsthalle werden. Dem jungen Kurator, der im Solomon R. Guggenheim Museum in New York arbeitet, schlägt in den Medien und in der Kommunalpolitik zunächst gehörige Skepsis entgegen. Es gibt Zweifel, ob er angesichts seiner Jugend seiner Aufgabe gewachsen ist. Die Chefin der grünen Magistratsgruppe, die spätere Bürgermeisterin Jutta Ebeling, betont gar, dass der Vertrag eine „Rücktrittsklausel" für die Stadt enthalte.

Tatsächlich ist dieser Tag der Beginn einer beispiellosen Karriere. Hollein und sein Team etablieren mit wegweisenden Ausstellungen die Schirn Kunsthalle als internationalen Ort der Kunst. 2006 übernimmt der Kurator auch die Direktion des Städel Museums und des Liebieghauses. Es beginnt die bis dahin erfolgreichste Phase für beide Häuser. Hollein kann 2012 die unterirdischen Gartenhallen als Erweiterung des Städels eröffnen. Er etabliert die Fotografie als neuen Schwerpunkt des Museums, gewinnt zahlreiche Sponsoren, die viele Neuankäufe ermöglichen. Erst 2016 verlässt Hollein Frankfurt wieder in Richtung USA.

In seinem Buch „Bericht aus dem Landesinneren" hatte der Schriftsteller Gerhard Zwerenz schon 1972 festgehalten: „Frankfurt ... ist die kapitalistischste Stadt Westdeutschlands. Nirgendwo heckt Kapital seinen Mehrwert so brachial und ungeniert mitten in die Ansiedlungen; dass die Bewohner vertrieben werden, flüchten müssen, in ohnmächtiger Wut die bloßen Fäuste schütteln." Dagegen richtet die Kommunalpolitik in Wahrheit wenig aus. Aber schon der Oberbürgermeister Walter Wallmann (CDU) hatte in seiner Amtszeit von 1977 bis 1986 erkannt, dass die repräsentative Kultur dazu dienen kann, mit symbolträchtigen Bauten die Identifikation gerade der bürgerlichen Mittelschicht mit der Stadt herzustellen. Bis Anfang der 90er Jahre entstand das Museumsufer, das Frankfurt zu einer Kulturstadt von Weltrang werden ließ. Mit Hollein tritt diese Politik der Aufwertung durch Kultur in eine neue Phase. Die FR-Redaktion, die in den 80er Jahren die neuen Kulturbauten noch skeptisch gesehen hatte, unterstützt die Entwicklung in der Ära Hollein.

Das achte Bild: Am 14. September 2005 gibt auf dem abendlichen Römerberg im Herzen Frankfurts die rot-grüne Bundesregierung gleichsam ihre Abschiedsvorstellung. Vier Tage vor der Bundestagswahl, die für SPD und Grüne verlorengehen wird, mobilisiert Bundesaußenminister Joschka Fischer (Grüne) in seiner Heimatstadt noch einmal 10 000 Menschen in einer umjubelten Abschluss-Kundgebung. Nach 14 000 Wahlkampf-Kilometern des Politikers treffen wir uns mittags zunächst zum Interview im Ökohaus in Frankfurt. Eine eigenartige Stimmung: Wir kennen uns lange, und wir wissen beide, dass Fischer bald nicht mehr Außenminister sein wird. Ich habe die Karriere des Grünen stets mit Distanz gesehen, da er mir zu viel Machtmensch war. Unvergessen auch, dass Fischer mit Ironie, soweit sie ihn betraf, schwer umgehen konnte und deshalb manchmal wütend auf meine Geschichten reagierte. Am Abend aber, bei seinem Auftritt auf dem Römerberg, pumpt sich der Star der Grünen noch einmal bis zur Erschöpfung aus, steht am Ende nassgeschwitzt im Hemd an der Rampe. Das nötigt vielen Respekt ab.

In Frankfurt hatte Fischer stets das beste Ergebnis für die Grünen in einer deutschen Großstadt geholt. Angela Merkel gehöre nicht ins Kanzleramt, ruft er am Ende. Doch die rot-grüne Basis in der Stadt und darüber hinaus ist längst zerfallen, die SPD befindet sich in Frankfurt im freien Fall, und die Grünen bewegen sich immer mehr in die bürgerliche Mitte.

Das neunte Bild: Am 5. Mai 2006 ist es soweit. CDU und Grüne präsentieren sich in Frankfurt als Koalitionspartner. Damit beide Parteien ihre Machtansprüche erfüllt sehen, muss die hauptamtliche Stadtregierung teuer erweitert werden. Schwarz-Grün legen ein Programm der bürgerlichen Mitte vor: Sie senken die Gewerbesteuer, erfinden einen freiwilligen Polizeidienst, streichen eine geplante U-Bahn-Strecke, die vor allem von der CDU abgelehnt worden war. Das zentrale ideologische Projekt aber des neuen bürgerlichen Bündnisses wird die Rekonstruktion eines Teils der Frankfurter Altstadt, die im März 1944 bei Bombenangriffen des Zweiten Weltkriegs zerstört worden war.

Die FR-Redaktion geht auf Distanz und begleitet Schwarz-Grün kritisch. Die FR unterstützt statt dessen Bürgerinitiativen, die bald mit der neuen Stadtregierung aneinandergeraten. In von privaten Investoren begehrten Vierteln wie Westend, Nordend und Ostend werden angestammte Bewohner durch Luxusmodernisierung verdrängt. Gerade die Grünen beugen sich immer mehr dem Druck einer kapitalistischen Wachstumspolitik. Immer neue Bürotürme lässt die Stadt zu, statt Sozialwohnungen errichten Bauherren vor allem Luxuseigentum.

Von Schwarz-Grün in Frankfurt damals führt ein direkter politischer Weg zur ersten schwarz-grünen Landesregierung in Hessen, die am 18. Januar 2014 ihre Arbeit aufnimmt.

Das zehnte Bild: Ein Rundgang durch das Frankfurter Ostend im November 2012, nur wenige Wochen nach dem Richtfest für den neuen Doppelturm der Europäischen Zentralbank (EZB). Vom früheren Arbeiterviertel, jüdisch geprägt, ist fast nichts mehr zu ahnen. Die kleinen Eckkneipen, in denen die Menschen vom Großmarkt ihr Bier tranken, sind ebenso verschwunden wie die billigen kleinen Läden. Stattdessen entstehen überall neue Wohnhäuser, überwiegend mit teurem Eigentum, und Bürogebäude. 2800 EZB-Beschäftigte und ihre Familien müssen untergebracht werden.

Die Baukosten für die EZB, ursprünglich mit 850 Millionen Euro veranschlagt, liegen zu diesem Zeitpunkt bereits bei 1,2 Milliarden Euro. Schon jetzt ist zu erkennen, dass sich die Zentralbank wie eine Festung von der übrigen Stadt abschotten wird, mit bewachsenen Gräben und Mauern. Der erste EZB-Präsident Wim Duisenberg hatte Anfang der 2000er Jahre im Gespräch mit der FR noch versprochen, dass dies nicht geschehen werde.

Die FR setzt sich von Anfang an kritisch mit dem Milliardenprojekt auseinander. Der Eingriff des EZB-Neubaus in die denkmalgeschützte Großmarkthalle aus dem Jahr 1929 ruft Protest weit über Frankfurt hinaus hervor und wird von der FR als Niederlage des Denkmalschutzes gesehen.

Das elfte Bild: Anfang März 2013 riskiert Bernd Fülle, Geschäftsführender Intendant der Städtischen Bühnen in Frankfurt, viel. Er lädt die FR exklusiv zu einer Führung durch das riesige Gebäude der Theater-Doppelanlage am Willy-Brandt-Platz ein. Mit dabei sind der damalige Leiter des städtischen Hochbauamtes, Hans-Jürgen Pritzl, und der Technische Direktor der Bühnen, Olaf Winter. Kulturdezernent Felix Semmelroth (CDU) aber wird von Fülle nicht über den Coup informiert. Der Intendant verfolgt ein zentrales Ziel: Er möchte endlich den maroden Zustand des 1963 eröffneten Baukomplexes einer breiten Öffentlichkeit vor Augen führen.

Und so breiten die drei Fachleute vor mir in einem dreistündigen Rundgang ein erschreckendes Szenario aus. Das beginnt bei undichten Dächern und führt über völlig veraltete technische Anlagen bis hinab in das unterste Fundament mit Brandschutztüren aus dem Jahr 1902. Von häufig berstenden uralten Wasserleitungen ist ebenso die

Rede wie von Stromausfällen, Heizungen und Lüftungen, die nur noch einen Bruchteil ihrer ursprünglichen Leistung erreichen. All das verstößt, machen die Experten klar, schon seit vielen Jahren gegen alle Vorschriften. Gleichsam unter Tage, in Räumen ohne natürliches Licht, arbeiten Menschen, auch das ein Unding.

Als der FR-Bericht erscheint, sorgt er für Aufsehen. Denn die Städtischen Bühnen gewinnen zwar Preise, allein die Oper ist mehrfach als Haus des Jahres ausgezeichnet und auch das Schauspiel steht bundesweit in der ersten Reihe. Aber für die Bedingungen, unter denen gearbeitet wird, haben sich Stadtgesellschaft und Kommunalpolitik kaum interessiert. Das ändert sich jetzt. Kulturdezernent Semmelroth vergibt eine sechs Millionen Euro teure Studie, die Sanierung und Neubau alternativ untersucht. Als die Untersuchung im Jahre 2017 erscheint, ist die Aufregung groß: Beide Alternativen werden mit Kosten von knapp 900 Millionen Euro beziffert. 2011 hatte das Hochbauamt gegenüber der FR notwendige Investitionen für eine Sanierung noch auf 129 Millionen Euro geschätzt.

2020 beschließen die Stadtverordneten einen Neubau der Bühnen. Die FR plädiert für neue Häuser, die mit einer modernen Architektur Zeichen weit über Frankfurt hinaus setzen. Doch der Zeitgeist macht es der Moderne schwer.

Das zwölfte Bild: Am 28. September 2018 inszeniert die Kommunalpolitik im Herzen Frankfurts ein großes Spektakel, Auftakt zu dreitägigen Feierlichkeiten. Zwischen Dom und Römer wird die rekonstruierte neue Altstadt eröffnet. Fast alle Parteien reklamieren das 200 Millionen Euro teure Projekt für sich, Ausnahme sind die Linken. Auf nur 7700 Quadratmeter Fläche sind 35 kleine Häuser entstanden. Das teuerste ist mit acht Millionen Euro die Rekonstruktion des Kaffeehauses „Goldene Waage". Handwerksbetriebe aus ganz Deutschland, vom Schmied über den Stuckateur bis zum Holzbaumeister, sind im Einsatz. Viele große Worte fallen. Frankfurt bekomme seine Seele zurück, behauptet etwa Oberbürgermeister Peter Feldmann (SPD), der noch wenige Jahre zuvor das Vorhaben als verzichtbar und überflüssig eingestuft hatte. Andere urteilen, das Herz Frankfurts schlage wieder.

In der Tourismuswerbung spielt die neue Altstadt gerade in Japan und der Volksrepublik China eine große Rolle. Mindestens zwei Millionen Touristen sollen im Jahr durch die kleinen Gassen geschleust werden, so das Ziel der städtischen Tourismus und Congress GmbH.

Es gibt Führungen in mehr als 20 Sprachen. Die rechtspopulistischen Bürger für Frankfurt (BFF) waren 2006 tatsächlich die ersten gewesen, die eine Rekonstruktion der Altstadt gefordert hatten. CDU und Grüne als Regierungsparteien lehnten das Ansinnen zunächst ab, um es sich wenig später zu eigen zu machen.

Tatsächlich bleibt dieses Quartier aber die Rekonstruktion eines Traumes. Eines Traumes vom Anheimelnden, Ordentlichen, Sauberen. Die historische Frankfurter Altstadt, die 1944 bei Bombenangriffen zerstört worden war, hatte all diese Eigenschaften nie: Sie war dunkel und eng, besaß oft keine Kanalisation und stank. Der Traum, der 2018 in Frankfurt inszeniert wird, verrät viel von den gewachsenen emotionalen Defiziten der bürgerlichen Gesellschaft.

Die FR-Redaktion schafft auch zur neuen Altstadt eine kritische Öffentlichkeit, so wie sie es seit Jahrzehnten bei vielen umstrittenen Themen getan hat. Unzählige Diskussionsveranstaltungen und Foren gehören dazu. Die Arbeit für die Redaktion hat sich in 35 Jahren stark beschleunigt und verdichtet. Erschien lange Zeit die neue Zeitung am nächsten Tag, führen heute die sozialen Medien dazu, dass sich Menschen zu Artikeln zu Wort melden, die vor wenigen Augenblicken erst geschrieben wurden. Und der Diskurs ist atemloser und kurzlebiger geworden. Aber das ist ein anderes Thema.

Claus-Jürgen Göpfert, geb. 1955 in Wiesbaden, Studium der Soziologie, Politologie und Volkswirtschaft in Frankfurt und Köln, Redakteur der *Frankfurter Neuen Presse* 1980–1985, Redakteur der FR in der Stadtredaktion Frankfurt 1985 bis 2020, Mitglied des Betriebsrates schon bei der FNP, zuletzt Betriebsratsvorsitzender bei der *Frankfurter Rundschau*.

WAHRHAFTIGKEIT BRAUCHT STANDPUNKTE

Nicht falsche Objektivitätsversprechen, sondern Haltung und Transparenz machen guten Journalismus aus

Stephan Hebel

Vor einiger Zeit, nicht lange nach ihrem 70. Geburtstag, hat sich die *Frankfurter Rundschau* einen neuen Werbeslogan gegeben: „Für Menschen mit Haltung". Natürlich kann eine Zeitung auch anders für sich werben, und auch die FR hätte das gekonnt. Sie hätte auf die Vollständigkeit der täglichen Informationen hinweisen können, auf die Nähe zu den Menschen vor allem am Ort ihres Erscheinens, den originellen Stil ihrer Texte oder die besondere Attraktivität tiefgründiger Betrachtungen – vielleicht sogar für „kluge Köpfe"? All diese Dinge gehören zu den positiven Eigenschaften, die in der Werbung für eine Tageszeitung hervorgehoben werden können, und das gilt hoffentlich auch für die FR.

Aber diese Zeitung hat sich anders entschieden. Sie stellt – und das gilt nicht nur in der Werbung – die „Haltung" besonders heraus. In der Werbung sind es die bereits vorhandenen wie die potenziellen Leserinnen und Leser „mit Haltung", die angesprochen werden. Aber natürlich ist damit auch gemeint, dass sie eine Zeitung mit Haltung erwarten dürfen.

Genau das entspricht der Tradition, der sich die FR bis heute verpflichtet fühlt. An den Grundsätzen, die die Gründergeneration einst mit den Worten „sozial-liberal (links-liberal")" umriss, hat sich bis heute nichts geändert. Freiheit und Menschenwürde, Gewaltfreiheit nach innen und nach außen, Minderheitenrechte, das alles verbunden mit einem höchstmöglichen Maß an sozialer Gerechtigkeit – so lässt sich das FR-eigene Grundgesetz, das im Lauf der Jahre an unterschiedlichen Stellen ohne große Veränderungen niedergeschrieben wurde, zusammenfassen.

In Zeiten, da die wildesten Spekulationen über die Lage der journalistischen Unabhängigkeit kursieren, muss zweierlei sofort hinzugefügt werden: Erstens erlaubt die grundsätzliche Festlegung auf eine „sozial-liberale" oder auch „links-liberale" Haltung sehr wohl ein erhebliches Spektrum an unterschiedlichen Meinungen zu konkreten Themen. Wer die FR liest, kann das von Tag zu Tag erleben. Zweitens beruht die Verpflichtung auf ein paar fundamentale Grundsätze immer auf Freiwilligkeit. Die Pressefreiheit ist sicher auch in Deutschland Bedrohungen ausgesetzt, dazu im Folgenden mehr. Aber daran, dass Zeitungen mit ihren Redakteurinnen und Redakteuren auf der politischen Skala einen bestimmten Platz einnehmen, zerbricht sie ganz sicher nicht.

An dieser Stelle würden viele journalistische Kolleginnen und Kollegen – und übrigens auch viele Leserinnen und Leser – antworten: Unsinn! Der Journalist oder die Journalistin soll einfach schreiben, was ist. Eine Meinung können wir uns schon selber bilden, Bevormundung brauchen wir nicht. „Objektiv" solle es schließlich zugehen, gemäß dem „Spiegel"-Motto „Sagen, was ist".

Aber was soll das heißen, „objektiv"? Ein Beispiel: Im Frühjahr 2019 sagte Bundeskanzlerin Angela Merkel auf der Münchner Sicherheitskonferenz, so steht es auf ihrer Homepage: „Wenn wir in Europa nämlich keine gemeinsame Kultur der Rüstungsexporte haben, dann ist die Entwicklung von gemeinsamen Waffensystemen natürlich auch gefährdet. Das heißt, man kann nicht von einer europäischen Armee und von einer gemeinsamen Rüstungspolitik oder Rüstungsentwicklung sprechen, wenn man nicht gleichzeitig auch bereit ist, eine gemeinsame Rüstungsexportpolitik zu machen."

Ursula von der Leyen, damals bekanntlich noch Verteidigungsministerin, fasste die Richtung, in die es geht, noch etwas präziser zusammen, ebenfalls auf der Sicherheitskonferenz: „Wir Deutschen sollten nicht so tun, als seien wir moralischer als Frankreich oder menschenrechtspolitisch weitsichtiger als Großbritannien. Wir müssen die politische Kraft aufbringen für eine verlässliche, gemeinsame Linie, die unsere Sicherheitsinteressen und unsere humanitären Prinzipien verbindet. Genauso wie unsere europäischen Partner dies auch tun." Auf Deutsch: Im Dienste der europäischen Zusammenarbeit sollen die Restriktionen beim Rüstungsexport gelockert werden.

Was wäre ein „objektiver" Text über diesen Vorgang? Wäre das einer, der Merkels und von der Leyens Worte einfach eins zu eins wiedergibt? Einer, der die distanzierten Kommentare des Koalitionspartners SPD, die umgehend folgten, hinzufügt? Einer, der auch bei den

Oppositionsparteien nachfragt? Ist der Text mit einem Hinweis auf den Jemen-Krieg objektiver, in dem unter anderem Saudi-Arabien als ein wichtiges Empfängerland deutscher Waffen für Tod und Verderben sorgt, oder nicht? Gehört ein Kommentar der Friedensbewegung zur objektiven Berichterstattung?

Natürlich hängt die Antwort auf all diese Fragen von der Perspektive des Autors oder der Autorin ab. In jedem journalistischen Text spiegelt sich eben nicht nur das sogenannte objektive Geschehen. Die Auswahl, die wir treffen, der Ton, in dem wir das Geschehene schildern, und die Gewichtung der einzelnen Aspekte – in all dem drückt sich die individuelle Perspektive, die eigene Haltung des Journalisten, der Journalistin aus. Und das gilt nicht nur für professionelle Medienleute, sondern für jeden Kommentar auf Facebook oder anderswo.

Wenn hier von Haltungen die Rede ist, die selbstverständlich in Texte einfließen, dann ist damit weder Beliebigkeit beim Umgang mit Fakten gemeint noch die Unterordnung von Tatsachen unter ein ideologisch gefestigtes Weltbild. Natürlich muss seriöser Journalismus so wahrhaftig wie möglich berichten, er muss unterschiedliche Positionen zu Wort kommen zu lassen, und er muss sich so vieler unterschiedlicher Quellen bedienen wie nur möglich. Aber wie er Dinge einordnet und wem er das Wort erteilt, das hängt unhintergehbar von der Perspektive, von der Haltung der oder des Einzelnen zum Thema ab.

Es ist gut, wenn eine Zeitung und ihre Redaktion sich zu dieser Haltung im Grundsatz bekennen. Denn nicht eine Idee von absoluter „Objektivität", der niemand wirklich gerecht werden kann, macht unsere Arbeit glaubwürdig. Sondern größtmögliche Transparenz, was die Motive und Grundlagen von Themenauswahl, Gewichtung und Kommentierung betrifft.

Thomas Vaschek und Rebekka Reinhard haben es in einem Aufsatz für die Philosophie-Zeitschrift „Hohe Luft" einmal so gefasst: „Sagen, was ist: das ist natürlich philosophischer Unsinn. Journalisten ... stellen Fakten nicht einfach dar, sondern sie bringen sie in eine Ordnung, sie verpacken sie in ‚Geschichten'. (...) Jeder weiß das, aber es wird kaum bedacht." Das bestehende „System" sei „eben deswegen verwundbar", weil es „seine eigenen Kriterien nicht reflektiert".

Noch einmal: Die Alternative zu einem Objektivitätsversprechen, das den Journalismus unglaubwürdig macht, weil es schlicht nicht zu halten ist, besteht nicht etwa in subjektiver Beliebigkeit. Es geht vielmehr darum, am Prinzip der größtmöglichen Wahrhaftigkeit in der Berichterstattung unbedingt festzuhalten, ohne diesen *Wahrhaftigkeits*anspruch in einen unrealistischen *Wahrheits*anspruch zu überhöhen.

„Aufklärung bedeutet Arbeit": Autor Stephan Hebel (links) im Gespräch mit Gregor Gysi (Die Linke)

Könnte es nicht sein, dass gerade in der Kombination aus Haltung und Transparenz die Voraussetzung liegt für die Wiedergewinnung eines seriösen medialen Diskurses? Der oft hasserfüllten Wahrheits-Anmaßung, die die Stimmung in den „sozialen Medien" verdirbt, werden seriöse Medien sicher nicht dadurch begegnen können, dass sie behaupten, sie seien im Besitz der allerwahrsten Wahrheit.

Wir müssen möglichst schnell wieder lernen, dass ein gelungener Austausch von Positionen, gerne moderiert durch noch bessere Medien, als wir sie heute haben, zu so etwas wie Verständigung führen könnte. Zu einer Verständigung über das, was wir in einer Gruppe oder in der ganzen Gesellschaft für wichtig, vielleicht sogar gemeinsam für wahr halten können. Oder zumindest zu einem Mehrheits-Konsens, der politische Entscheidungen mit breiter Akzeptanz ermöglicht. Wäre das nicht allemal besser, als sich vermeintlich „objektive" Wahrheiten von Blase zu Blase gegenseitig um die Ohren zu hauen?

Der professionelle Journalismus muss mehr denn je aufpassen, sich in dieses gefährliche Spiel mit „Fakten" und „alternativen Fakten" nicht hineinziehen zu lassen. Und das wird er nur können, wenn er seinen berechtigten Anspruch auf Wahrhaftigkeit mit dem Eingeständnis verbindet, dass es sich bei seinen Produkten, selbst bei Nachrichten, um Beiträge zur Meinungsbildung handelt und niemals um eine endgültige, vermeintlich objektive Beschreibung der Wahrheit.

Allerdings: Auch die Kritiker der etablierten Medien sollten aufhören, das Mantra der Objektivität vor sich her zu tragen. Sie mögen den Medien mit einigem Recht zu große Machtnähe und einseitige Gewichtung vorwerfen. Aber wer will sich ernsthaft anmaßen, zu entscheiden, wie ein Vorgang „objektiv" darzustellen wäre? Die grassierende Neigung, über Fakten nach dem Motto „Meine Wahrheit ist objektiv wahr und deine objektiv gelogen" zu diskutieren, ist bei Kritikerinnen und Kritikern der Medien mindestens ebenso weit verbreitet wie bei den Medien selbst.

Was also steckt in dem Bekenntnis zur Haltung der Zeitung, dem die Redakteurinnen und Redakteure der FR bis heute folgen? Wir bemühen uns um objektive Darstellung von Fakten, das sehr wohl. Aber wir verstehen unsere Auffassung von Wirklichkeit eben auch als Auffassung, als eine Wahrnehmung unter vielen. Gerade wer das verschweigt, die eigene Einstellung unterschlägt und eine lupenreine „Objektivität" vorspiegelt, missachtet die Regeln der wahrhaftigen Wiedergabe. Und setzt sich dem Verdacht aus, mit tendenziöser Berichterstattung durch die Hintertür zu manipulieren, statt die eigene Perspektive offenzulegen.

Der britische Psychiatriekritiker Ronald D. Laing hat das Dilemma des Objektivitätsanspruchs einmal so formuliert: „Nichts ist subjektiver als eine Objektivität, die gegen die eigene Subjektivität blind ist." Und der Kommunikationswissenschaftler Michael Meyen leitete daraus einen radikalen, aber treffenden Rat an den Journalismus ab: „Mein Vorschlag ist: Werft die alten Qualitätskriterien über Bord und konzentriert euch auf Transparenz. Woher ist das Material, wem hilft es möglicherweise, wie steht ihr selbst dazu. Das würde in Sachen Glaubwürdigkeit jedenfalls nicht schaden." Und so viel ist dazu selbstkritisch anzumerken: Noch mangelt es dem etablierten Journalismus zwar keineswegs immer, aber doch zu oft an Haltung und Transparenz.

Nun lässt sich fragen, was daran so wichtig ist. Die Antwort: Eine demokratische Gesellschaft, wenn sie das denn bleiben will, braucht Mechanismen des öffentlichen Gesprächs. Was als „wahr" gelten soll, kann nur das Ergebnis kommunikativen Handelns sein, also eine Verständigung unterschiedlicher „Sprecher" mit unterschiedlichen Perspektiven, Haltungen, Überzeugungen und Erfahrungen über das, was als wahr oder auch nur als möglich gelten soll.

Um aber diesen kommunikativen Prozess, also das große Gespräch einer ganzen Gesellschaft, erst möglich zu machen, braucht es journalistische „Sprecherinnen" bzw. „Sprecher", die ihre Wahrnehmung als subjektiv geprägt erkennen, ihre Voreinstellungen und Kriterien transparent machen und damit dann den Kampfplatz der kollektiven „Wahrheitsfindung" betreten. Das dürfte es gewesen sein, was die Gründungsgeneration der FR antrieb, als sie sich verpflichtete, zu „größtmöglicher Öffentlichkeit" staatlichen, gesellschaftlichen und wirtschaftlichen Handelns beizutragen.

Dazu allerdings bedarf es einer weiteren journalistischen Tugend: Distanz. Wie am Beispiel der Rüstungsexporte angedeutet, kann es nicht allein darum gehen, das Weltbild der politisch Verantwortlichen möglichst eins zu eins zu reproduzieren – Journalismus als eine Art Durchlauferhitzer für die Parolen der herrschenden Politik ist sicher kein gutes Mittel gegen ein verbreitetes Misstrauen, das die Medien ohnehin schon den herrschenden „Eliten" zuordnet. Nicht, dass solche Pauschalvorwürfe aus der Ecke der „Lügenpresse"-Schreier berechtigt wären oder gar das Handeln von Redaktionen beeinflussen sollten. Aber aufpassen, dass wir ihnen nicht noch das Material für ihre Vorwürfe liefern, sollten wir schon. Und leider muss eingeräumt werden: die notwendige Distanz gelingt viel öfter, als manche behaupten. Aber sie gelingt nicht immer. Ganz unberechtigt ist der Vorwurf nicht, dass Korrespondentinnen und Korrespondenten sich allzu sehr in den Denkroutinen des politischen Betriebs verirren, die sie eigentlich „von außen" kritisch betrachten sollten.

Die Sache wird nicht einfacher dadurch, dass die Konkurrenz um die Aufmerksamkeit des Publikums massiv zugenommen hat. Das liegt zum einen natürlich am Aufkommen der neuen, digitalen Medien. Die Zeiten, in denen Zeitungen, Rundfunk oder Fernsehen darüber bestimmten, wovon das Publikum erfährt und wovon nicht, sind bekanntlich vorbei. Wir sind nicht mehr „Gatekeeper", die entscheiden, welche Information durchgelassen wird und welche nicht. Aber vielleicht sollten wir auf den Literaturwissenschaftler Jochen Hörisch hören, der einmal gesagt hat, Journalisten müssten von Gatekeepern zu Barkeepern werden. Zitat: „Sie mixen aus hochwertigen und vielfältigen Zutaten einen Nachrichten-Cocktail, der besser ist als die Allerweltsmischungen der Computer-Algorithmen."

Es stimmt, dass die neuen, digitalen Möglichkeiten vom Potenzial her eine umwälzende Demokratisierung der Öffentlichkeit bedeuten. Das sollten die Medien begrüßen, auch wenn es uns das Monopol der Entscheidung über wichtig und unwichtig streitig macht. Wir wissen aber auch, dass mit dem Siegeszug der sogenannten sozialen Medien eine Fragmentierung in unendlich viele Teilöffentlichkeiten einhergeht. Es ist fast paradox: Je vielstimmiger das mediale Angebot im Meinungskampf durch die Demokratisierung der Verbreitungskanäle wurde, desto gefährdeter erscheint das Prinzip des öffentlichen Diskurses. Das Internet als potenziell herrschaftsfreier Diskursraum ist zum Antreiber der Fragmentierung von Öffentlichkeit geworden.

Das Publikum als Ganzes zu erreichen, was ja die Kernaufgabe der Medien in ihrer Gesamtheit wäre, ist dadurch unendlich viel schwerer geworden. Vom Ideal eines Diskurses, an dem der demokratische Souverän und seine unterschiedlichen Interessengruppen möglichst vollständig teilnehmen – und zwar auch im Streit gemeinsam, nicht jede und jeder für sich –, sind wir trotz der neuen technischen Möglichkeiten wohl mindestens so weit entfernt wie vor 20 oder 30 Jahren.

Das führt allerdings im Journalismus manchmal zu einem gefährlichen Missverständnis: Wer allgemein gehört werden wolle, müsse möglichst laut sein, also zuspitzen, vereinfachen, personalisieren, sensationalisieren. Um es selber zuzuspitzen: wehe dem Journalisten, der in einer Redaktionskonferenz zugibt, ein Wahlprogramm gelesen zu haben. Und wehe ihm, wenn er darüber auch noch schreiben will. Dann, so endet es nicht selten, lieber das soundsovielte Porträt. Hat doch auch beim letzten Mal so schön „geklickt".

Eine weitere Gefahr im Ringen um Aufmerksamkeit besteht darin, möglichst alle Themen auf das persönliche Lebensumfeld der eigenen Klientel im Verbreitungsgebiet „herunterzubrechen". Ist es nicht eine Beleidigung der Neugierde, die wir unseren Leserinnen und Lesern oder Zuschauerinnen und Zuschauern doch eigentlich zutrauen sollten, wenn wir meinen, ihr Interesse ende an der Stadt- oder spätestens an der Landesgrenze? Der Diskursforscher Jürgen Link hat das auf unnachahmliche Weise formuliert: „Man sagt, man muss die Leute dort abholen, wo sie sind. Ich auch. Aber man soll sie nicht wieder dahin zurückbringen, wo sie waren." Schöner lässt sich der Auftrag der Horizonterweiterung, oder pathetisch: der Aufklärung, nicht beschreiben.

Das sind hohe Ansprüche, ohne Frage. Und es ist schön, in einer Redaktion zu arbeiten, die sich davon nicht abbringen lässt, aller neuen Konkurrenz und allen ökonomischen Problemen zum Trotz. Aber alle Beteiligten wissen auch: Guter Journalismus, Haltung, Aufklärung bedeutet Arbeit. Und kostet Geld.

Die personelle Auszehrung, die in vielen Redaktionen stattgefunden hat, trägt natürlich zu der Neigung bei, im Zweifel den leichteren und seichteren Weg der Berichterstattung zu wählen. Ein immer noch ziemlich bekannter Politiker hat das einmal mit dem schönen Satz zusammengefasst: „Der Echtzeit-Journalismus läuft Amok." Das war Peer Steinbrück.

Wir müssen uns also fragen, wie sich die privatwirtschaftliche Organisation von Medien mit ihrer Aufgabe als kritische Instanz und Wahrerin demokratischer Transparenz verträgt. Es war der große Kommunikationstheoretiker Jürgen Habermas, der das Dilemma schon vor 50 Jahren in seinem Buch zum „Strukturwandel der Öffentlichkeit" überzeugend beschrieben hat. Mit zunehmender Verbreitung, so Habermas, seien kommerzielle und vor allem die Boulevardmedien schon im 19. Jahrhundert, „zum Selbstzweck einer kommerziell fixierten Verbraucherhaltung" geworden, und „für die Maximierung ihres Absatzes" hätten sie „mit einer Entpolitisierung des Inhaltes" bezahlt. Habermas fügte hinzu: „Die journalistischen Grundsätze der *Bildzeitung* haben eine ehrwürdige Tradition."

Nun besteht nicht die ganze Medienwelt aus Boulevardzeitungen, Unterhaltungssendern und Promi-Blogs. Es gibt ihn auch heute noch, den Qualitätsjournalismus. Aber es wäre geradezu naiv zu glauben, die seriösen Medien blieben von der Boulevardisierung, die sich zunächst durch die gedruckten Massenblätter, dann durch das Privatfernsehen und schließlich im Internet immer weiter verbreiten konnte, einfach unberührt.

Auch das hat Jürgen Habermas erkannt, lange bevor der Begriff „Unterschichtfernsehen" erfunden war. „Nachrichten und Berichte, selbst Stellungnahmen werden mit dem Inventar der Unterhaltungsliteratur ausgestattet", schrieb er. Mit Öffentlichkeit als Diskursraum zur Selbstverständigung einer Demokratie hat dieser Befund leider wenig zu tun.

Es liegt angesichts dieser Fehlentwicklungen nahe, auch über andere als klassisch unternehmerische Organisationsformen nachzudenken – etwa Genossenschaften wie bei der *taz* oder staatlich geförderte Modelle. Wenn es allerdings um öffentliche Unterstützung geht, herrscht in den Redaktionen oft das große Kopfschütteln. Gerne wird auf die in der Tat kritikwürdige Organisations- und Aufsichtsstruktur der öffentlich-rechtlichen Rundfunkanstalten verwiesen. Eine Diskussion, wie öffentlich-rechtliche Modelle auf wirklich demokratische Weise funktionieren könnten, ohne die redaktionelle Unabhängigkeit einzuschränken, findet aber praktisch nicht statt.

Genau davor hat Jürgen Habermas vor ein paar Jahren eindringlich gewarnt: „Wenn es um Gas, Elektrizität oder Wasser geht, ist der Staat verpflichtet, die Energieversorgung der Bevölkerung sicherzustellen. Sollte er dazu nicht ebenso verpflichtet sein, wenn es um jene andere Art von ‚Energie‘ geht, ohne deren Zufluss Störungen auftreten, die den demokratischen Staat selbst beschädigen?"

Der schon erwähnte Peer Steinbrück, sicher kein Linksradikaler, stimmt zu: „Die Frage ist, ob ein freier kritischer Journalismus, der Grundvoraussetzung eines demokratischen Willensbildungs- und Meinungsprozesses ist, dem Darwinismus des Marktes überlassen werden darf."

Es gibt auf diese Fragen sicher keine einfachen Antworten, und niemand will die ökonomischen Zwänge privater Medien durch staatliche Einmischung ersetzen. Aber die Frage, wie Medien sich in Zukunft organisieren können, um die Diskurs-Energie zu liefern, die jede Demokratie braucht – die sollten wir uns schon stellen. Auch das gehört zu den Verpflichtungen, die die weitsichtigen Gründer der FR uns vor 75 Jahren auferlegt haben.

Stephan Hebel, geb. 1956 in Frankfurt. Seit 1986 bei der FR als Redakteur, politischer Autor und Leitartikler, unter anderem im Nachrichtenressort sowie als Korrespondent in Berlin, stellvertretender Chefredakteur und Textchef. Inzwischen konzentriert er sich ausschließlich auf die Autorenrolle und schreibt insbesondere politische Analysen und Kommentare.

MEINE FR

Zeitungen haben eine Seele

Bascha Mika

Niemand im Journalismus kennt nur gute Tage. Dazu ist das Geschäft von zu vielen Faktoren abhängig – was bei der politischen Großwetterlage beginnt und bei ökonomischen Fragen nicht aufhört. Umso stärker bleiben die besonders glücklichen Momente in Erinnerung. Als ich zum ersten Mal ins Rundschau-Haus nach Frankfurt kam und der Redaktion als frisch berufene Chefredakteurin vorgestellt wurde, war es ein solcher Glücksmoment.

Es gibt viele Arten von Liebe. Und zweifellos habe ich eine Beziehung zur *Frankfurter Rundschau*, die viel mit Liebe zu tun hat. Wir kennen uns auch schon sehr lange, die Zeitung und ich. In verschiedenen Phasen meines Lebens spielte sie unterschiedliche Rollen – als Begleiterin, Unterstützerin, Rivalin, Lebensgefährtin. Mein sentimentales Verhältnis zu ihr hatte ich bereits in jungen Jahren entwickelt, lange bevor ich nach Frankfurt kam und die Zeitung selbst mitgestalten konnte. Sechs Jahre Chefredakteurin des Blattes zu sein, war der Höhepunkt dieser emotionalen Beziehung.

Das lag vor allem an den großartigen Kolleg:innen. Zahllose Stunden gemeinsamer Arbeit am Blatt, nachdenken, brainstormen, sich gegenseitig anspornen, die Kreativität herauskitzeln. Da war das Ziel, täglich die bestmögliche Rundschau zu machen. Da waren die Serien, mit denen wir die Zeitung jedes Jahr für einige Monate schmückten. Die vielen Sonderausgaben, die wir gestemmt haben. Ich denke an den Solidaritätsaufruf für die türkische Zeitung *Cumhuriyet*, dem sich eine ganze Reihe weiterer Medien anschlossen. An die Klimaausgabe, die wir von Aktivist:innen der Fridays for FutureBewegung gestalten ließen. An die Asyl-FR, oder oder … Es gab keine Idee für einen besonderen Auftritt der Zeitung, mit der ich bei der Redaktion auf Granit biss oder die nur halbherzig unterstützt wurde.

Bereits an meinem ersten Tag wurde ich so herzlich empfangen, wie man es als neue Co-Chefin in einem fremden Team wohl selten erlebt. Später erfuhr ich, dass die Mitarbeitenden diesen Tag mit sehr viel Skepsis erwartet hatten. Sie wußten nicht, wer da kommen würde. Schließlich gehörte die Zeitung damals dem Frankfurter Societäts-Verlag, der wiederum Teil der Fazit-Gruppe war, deren Hauptmedium die konservative FAZ ist. Die Befürchtung lag nahe, dass ein publizistischer Richtungswechsel geplant sein könnte. Doch das Gegenteil war der Fall. Bei der FAZ wurde Wert darauf gelegt, dass die FR ihr gewachsenes Profil stärkte.

Jede gute Zeitung hat eine Seele, zumal ein Traditionsblatt wie die *Frankfurter Rundschau*. Die Seele begründet die publizistische Haltung, formt die journalistische Identität und bestimmt das Selbstverständnis der Redaktion. Wer die Seele und damit den inneren Kern einer Zeitung mutwillig oder fahrlässig beschädigt, gar zerstört, kann eigentlich gleich deren Untergang beschließen. Der Redaktion wird der Kompass genommen, die treue Leserschaft wird verärgert und eine neue ist meist nicht in Sicht. Bei jeder Blattreform ist es die große Kunst, Erneuerungen mutig voranzutreiben und dennoch nicht zu missachten, wie das innere Uhrwerk der Zeitung tickt.

Seit Gründung war die Seele der *Frankfurter Rundschau* mal mehr, mal weniger links geprägt, jedoch nie wirtschaftsliberal oder konservativ. Für die allermeisten Rundschau-Redakteur:innen war mein Einstieg in Frankfurt deshalb ein klares Zeichen in die publizistische Richtung, die sie sich wünschten. Niemand wäre ja auch auf die Idee gekommen, mich zu holen, um ein bürgerlich-konservatives Blatt zu machen. Jemanden wie mich – nach 21 Jahren bei der Tageszeitung *taz* in Berlin, davon elf Jahre als deren Chefredakteurin.

Lange vor der *taz* hatte ich allerdings bereits eine ausgeprägte Beziehung zur *Frankfurter Rundschau*. Die Verbindung hatte ganz konventionell begonnen, als ich in meinem ersten Studiensemester, frisch von zu Haus ausgezogen, eine eigene Zeitung lesen wollte. Eine, die weder rechts gestrickt noch einschläfernd war, da kam mir die FR gerade recht. Es ist heute vielleicht nicht mehr vorstellbar, aber Mitte der 1970er Jahre war der seriöse Zeitungsjournalismus weitgehend trockenes Schwarzbrot und ansonsten trutschig. Staatstragend im Ton, ohne thematische Überraschungen, langweilig in der Aufmachung und völlig humorlos.

Die Rundschau war anders. Ein bisschen zumindest. Da gab es zum Beispiel „Die Ecke", eine winzige Rubrik, die eine kleine Kuriosiät erzählte. Wie dankbar war ich für diesen täglichen Ausfallschritt aus dem üblichen Nachrichtenfluss, auch wenn die Ecke längst nicht immer witzig war.

Wie damals die meisten Zeitungsleser:innen war auch ich relativ leicht zufriedenzustellen. Die Erwartungen des Publikums waren ganz anders als heute, wo um jedes einzelne Print-Abo gekämpft werden muss. Zudem waren Verlage und Redaktionen derart saturiert, dass sie die Wünsche der Leserschaft herzlich gern ignorierten. Schließlich war es noch selbstverständlich, dass bei jeder Haushaltsgründung eine Tageszeitung abonniert wurde.

Die gehörte für jede Familie fast automatisch dazu, so hielten sich die Auflagen über viele Jahrzehnte auf sehr hohem Niveau. Zudem lief die Gegenfinanzierung durch Werbung wie geschmiert. Bis gegen Ende der 1990er Jahre gab es Blätter, deren Einnahmen bis zu 80 Prozent auf Anzeigenerlösen beruhten. Verleger verdienten sich mühelos eine goldene Nase, heute schaffen das nur noch wenige.

Die Rundschau begleitete mich durch mein Studium und prägte meinen Lehrlingsblick auf den Journalismus. Und irgendwann, gegen Ende der Unizeit, beschloss ich, meiner Sehnsucht nachzugeben und mich selbst in dem Metier zu versuchen. Ich reiste nach Norditalien, recherchierte über die dortige Prostituiertenbewegung und bot – wem sonst – der Rundschau einen Artikel an.

Martina Kischke, damals Redakteurin der FR-Frauenseite, gab mir tatsächlich den Auftrag. Mir, der blutigen Anfängerin ohne jede journalistische Erfahrung. Mein erster Text für eine Zeitung. Unfassbar! Und der sollte nicht nur gedruckt, sondern auch noch bezahlt werden. Mein Stolz und meine Euphorie kannten keine Grenzen, meine anschließende Ernüchterung allerdings auch nicht. Geschlagene vier Wochen bastelte ich an dem Artikel herum, verwarf, schrieb um, beschimpfte mich als Versagerin. Kurz, ich quälte mich gründlich.

Na gut, immerhin sollte ich eine ganze Seite im Nordischen Format abliefern, das ist richtig viel Stoff. Dennoch – wäre ich im Laufe der Jahre beim Schreiben von Texten nicht ein klein wenig schneller geworden, hätte ich mir besser einen anderen Job gesucht. Es war die *Frankfurter Rundschau*, die mich im Journalismus als Erste unterstützt und bestärkt hat. Sie hat mir die Tür zu einem Beruf geöffnet, der mich bis heute glücklich macht. Ist das nicht ein schöner Grund, sie bei aller professionellen Haltung auch mit einem guten Schuss Sentimentalität zu betrachten?

Ich sollte allerdings gestehen, dass diese emotionale Bindung

Erstmals eine Chefin und ein Chef: die Doppelspitze Bascha Mika (links) und Arnd Festerling (rechts) nach dem Umzug in neue Redaktionsräume in der Mainzer Landstraße

in meiner Zeit als *taz*-Chefin auf eine harte Probe gestellt wurde. Schließlich war die FR eine starke Mitbewerberin auf dem Markt um irgendwie links orientierte Leser:innen. Ich werde hier nicht erwähnen, dass der *taz*-Geschäftsführer mehr als einmal der Rundschau die Pest an den Hals wünschte. Aus einem einfachen Grund: er hoffte, dann von deren Abonnentenstamm profitieren zu können. Bei mir lag die FR dennoch im täglichen Zeitungsstapel, und es bedrückte mich, wie sehr sie von Umbrüchen gebeutelt wurde.

Als meine Zeit bei der *taz* bereits einige Jahre zurücklag, der Wechsel nach Frankfurt. Die Chefredaktion in einer Doppelspitze mit Arnd Festerling. Jahrzehnte war Arnd Festerling leitender Redakteur des Blattes gewesen, schließlich Chefredakteur geworden. Stets hatte er für die publizistische Kontinuität der Zeitung gestanden.

Doppelspitzen haben einen schlechten Ruf, völlig zu unrecht. Klar, profilsüchtige, konkurrente Egomanen, wie es sie – meist männlich – in wichtigen Positionen von Politik, Wirtschaft und Gesellschaft zuhauf gibt, können in dieser Konstellation nur scheitern. Bei Arnd Festerling und mir lief es völlig anders. Zwei Köpfe sind meist klüger als einer, nicht nur Verantwortung, auch Erfolg lässt sich teilen, und eigene Schwächen sind weniger dramatisch, wenn sie durch die Stärken des anderen kompensiert werden. Dies sind nur einige Vorzüge einer Doppelspitze. Wer die erkennt und das Wohl des Unternehmens über die eigene Eitelkeit stellen kann, für den ist diese Form der Zusammenarbeit wie geschaffen.

Dabei ist wichtig, nicht in eine der typischen Falle zu tappen, die eine Doppelspitze bereithält. Denn überall gibt es Mitarbeitende, die versuchen, von einem Teil des Führungsteams das zu bekommen, was der andere Teil bereits abgelehnt hat. Dann ist Ärger vorprogrammiert. Mit Arnd Festerling und mir funktionierte dieses Spiel nicht. Das Geheimnis dahinter war schlicht: Wir befanden uns ständig in Kommunikations- und Abstimmungsschleifen. Das klingt anstrengend, war es aber nicht, sondern bereichernd und hilfreich.

Der Chefkollege hatte jede Menge Charme und Überzeugungskunst genutzt, um mich nach Frankfurt zu locken. Am Ende war es ein Angebot, das ich nicht ablehnen konnte. Und als ich dann 2014 kam, rollten er und unser Stellvertreter Michael Bayer mir einen solidarischen roten Teppich aus, auf dem ich mühelos in den FR-Kosmos eintreten konnte. In meinem beruflichen Leben habe ich keine Zusammenarbeit in einem Leitungsteam erlebt, die vertrauensvoller und entspannter war als mit den beiden.

Sie waren schon lange bei der Rundschau dabei, hatten deren schwere Jahre miterlitten. Die Eigentümerwechsel, die Umstellung auf das Tabloid-Format, schließlich 2012 die Insolvenz. Die Redaktion war vom Regen in die Traufe, von der Traufe in den See und vom See ins offene Meer gespült worden, wo der Untergang besiegelt schien.

Die Insolvenz und der anschließende Kauf durch die FAZ waren bei meiner Ankunft in Frankfurt erst eineinhalb Jahre her, viele Mitarbeitende hatten die Redaktion verlassen müssen, die tiefe Erschütterung im Hintergrund war noch spürbar. Hätte es nicht das enorme Engagement und den Zusammenhalt der Redaktion in den Krisen gegeben, die Rundschau hätte diese Zeiten wohl kaum überlebt.

Als ich dazustieß, war die Phase der Trauer weitgehend abgearbeitet. Die Redaktion hatte gelernt, mit sehr viel weniger Personal die bestmögliche Zeitung zu machen, Tagesabläufe und Produktionsprozesse funktionierten wieder routiniert und eingespielt – jetzt ging es um Aufbruch! Die Lust auf Neues war da und der Zeitpunkt dafür genau richtig.

Was ist das Schönste an der Arbeit einer Chefredaktion außer dem täglichen Blattmachen? Für mich zweifellos die Weiterentwicklung der Zeitung auf allen Ebenen. Defizite zu erkennen, Reformen zu planen, neue Konzepte zu erarbeiten und durchzusetzen.

Ganz optimistisch hatte ich der Redaktion bei meinem Einstieg verkündet: Die Rundschau muss weiblicher werden! Muss Frauen verstärkt ein Angebot machen, durch das sie sich in Wort und Bild überall im Blatt wiederfinden. Sie muss den männlichen Blick in der Mainstream-Berichterstattung kritisch hinterfragen und durch den weiblichen komplettieren. Muss der männlich dominierten Gesellschaft den Anspruch auf weibliche Selbstbestimmung und Gleichstellung entgegenhalten, um eine gerechtere Welt aufscheinen zu lassen. Schließlich sind Frauenrechte Menschenrechte!

Auch wenn ich Feministin bin, ging es mir dabei selbstverständlich nicht um ein ideologisches Programm. Ziel war zum einen, die Frage nach Gerechtigkeit, die schon immer zum Markenkern der Rundschau gehörte, unter erweiterte Perspektiven zu stellen und damit die Marke FR zu profilieren. Zum anderen, die Zeitung für Leserinnen attraktiver zu machen und so die Auflage zu stärken.

Hatte ich dabei mit Widerstand aus der Redaktion gerechnet? Irgendwie schon – und dafür schäme ich mich ein bisschen. Denn bis auf wenige Ausnahmen akzeptierten die Kolleginnen und Kollegen die Idee nicht nur, sie vertraten sie offensiv und mit großer Überzeugung nach innen und außen. Die Sensibilität für Gleichstellungsfragen war schlagartig erhöht, die Suche nach Autorinnen wurde intensiviert, jede Frauentagsausgabe zum 8. März wurde aufwändig vorbereitet und präsentiert. Ein Höhepunkt dieser besonderen Anstrengungen war 2019 eine Serie, in der wir passend zu den Zeitläufen das Jahr der Frau ausriefen und jeden Monat eine Sonderausgabe produzierten.

Ist die Rundschau so weiblicher geworden? Auf jeden Fall. Dennoch ist das Ziel noch längst nicht erreicht. Der Weg zu mehr Gleichberechtigung ist unendlich mühsam – auch im Auftritt einer Zeitung. Denn in den Strukturen der Öffentlichkeit und des Nachrichtenmainstreams werden Frauen und der weibliche Blick weiterhin gern ausgeblendet.

Zeitungen sind noch immer ein traditionell männlich geprägtes Arbeitsfeld – obwohl die Redaktionen manchmal zur Hälfte mit Frauen besetzt sind. Das war bei der FR lange nicht anders. Ich war tatsächlich die erste Frau, die zur Chefredakteurin berufen wurde. Selbst bei diesem linksliberalen Blatt war die Spitze viele Jahrzehnte

eine männliche Domäne. Noch heute klingt mir im Ohr, was der ehemalige FR-Chefredakteur Roderich Reifenrath dazu sagte.

Als Mitglied des Kuratoriums der Karl-Gerold-Stiftung, die einst
alleinige Eignerin der Rundschau war und heute noch bei der Besetzung der Chefredaktion mitbestimmt, hatte er meine Berufung
unterstützt. Gab mir aber auch den Hinweis: „Früher wäre eine Frau
in der FR-Chefredaktion nicht durchsetzbar gewesen." Nicht durchsetzbar? Das schockte mich. Dabei wusste ich doch längst, dass der
Chauvinismus in linken Milieus manchmal nicht geringer ist als in
rechtskonservativen.

Hätte ich es unter den alten Strukturen in der FR aushalten können? Mit Männerdominanz und traditionellen Hierarchien? Sicher
nicht. Dazu war ich viel zu stark durch ein antihierarchisches Selbstverständnis geprägt. Zudem ist es einsam und zugleich langweilig
und inspirationsarm um einen herum, wenn man als Chefin von den
Redakteur:innen gefürchtet statt respektiert wird.

Arnd Festerling und ich waren uns einig, wie eine Redaktion zu
leiten ist – nämlich nicht Top-down. Flache Hierarchien werden gern
als Zeichen von Führungsschwäche betrachtet, dabei gehört viel eher
Stärke dazu. Schließlich muss, wer kollegial führt, andere Haltungen und Meinungen anerkennen und das Beste daraus destillieren.
Das kann bedeuten, dass Chefredaktion und Redaktion so lange auf
Augenhöhe diskutieren und streiten, bis sich ein Konsens herauskris-
tallisiert – oder eben auch nicht. Dann übernimmt die Chefredaktion
das Kommando.

Die entscheidende Frage ist, wann von Oben entschieden wird und
wie stark die Mitarbeitenden einbezogen werden. Nicht nur bei der
täglichen Arbeit, auch der Weiterentwicklung der Zeitung. Die erste
Blattreform nahmen wir in Angriff, als ich erst wenige Monate im
Haus war. In Arbeitsgruppen mit der Redaktion entstanden die Ideen
für einen neuen Auftritt der Rundschau, ein neues Layout und eine
neue Wochenendausgabe inbegriffen.

Wer das Beste aus einer Gruppe herausholen will, muss angstfreie
Räume schaffen, ein Umfeld, in dem kleine Feuerwerke von Kreativität möglich sind, weil jeder gute Einfall aber auch jeder Blödsinn
ausgesprochen und wieder verworfen werden kann. Selbstverständlich gab es in den AGs auch Krach und Verstimmungen, mühsames
Ringen um alte und neue Pfründe, aber eben auch wunderbar inspirierende Momente und das großartige Gefühl, die Zeitung zum

Besseren verändern zu können. Die erfolgreiche Zusammenarbeit von Redaktion und Chefredaktion, der Zuspruch der Leser:innen, hat unserem Bemühen Recht gegeben.

Als ehemalige tazlerin, zumal als *taz*-Chefin, war ich an harte Demarkationslinien zwischen Redaktion und Chefredaktion gewöhnt. Dort gehörte es zum Grundrauschen, dass die Redaktion ihre Unabhängigkeit gegenüber der Führungsspitze betonen und ihre Mitbestimmungsrechte mehr als ausschöpfen wollte. Das hängt mit der Geschichte der Zeitung zusammen, die als basisdemokratisches, hierarchiefreies politisches Projekt gegründet worden war und seitdem den Mitarbeitenden gehört. Und welche Besitzer:in will sich in der eigenen Zeitung schon etwas sagen lassen?

Um so überraschter war ich von der Kultur in der Rundschau. Eine Redaktion, die Führung schätzt, ihrer Chefredaktion dies auch zeigt und sich dennoch einen gesunden, professionellen Eigensinn bewahrt – was für eine herzerwärmende Erfahrung. Ebenso verblüfften mich aber auch die Parallelen zur *taz*: Die extrem hohe Identifikation mit dem Blatt, die Qualität der politischen Diskussionen, das linke Selbstverständnis. Zwar hatte ich einige Jahre als Kolumnistin für die Rundschau gearbeitet, doch ihr Innenleben kannte ich nicht.

Apropos Parallelen: Lustig wurde es immer dann, wenn ich im Tagesgeschäft die Unterschiede zu meinem früheren Umfeld vergaß. Wo die *taz*-Redaktion den Hang pflegt, immer mal wieder zu überdrehen und auf den Putz zu hauen – beispielsweise bei den Schlagzeilen – lässt sich das mit der FR-Redaktion nicht machen. Wenn es mich reizte, zu scharf, zu ironisch oder zu polemisch zu titeln, riefen mich die Kolleg:innen freundlich aber bestimmt zur Ordnung.

So ist sie, meine FR. Nie habe ich bereut, sie zur Begleiterin, Unterstützerin und Lebensgefährtin gemacht zu haben. Zweifellos geht es um eine Beziehung, die viel mit Liebe zu tun hat.

Bascha Mika, geb. 1954 in Komprachcice (Polen), Studium der Philosophie, Germanistik und Ethnologie in Bonn und Marburg, journalistische Arbeit zunächst als freie Mitarbeiterin für Rundfunk und unterschiedliche Zeitungen, ab 1988 Redakteurin der tageszeitung (taz), zunächst in der Nachrichtenredaktion, anschließend Reporterin, ab 1998 Mitglied der Chefredaktion, ab 1999 bis 2009 alleinige Chefredakteurin. 2014 bis 2020 Chefredakteurin der FR, danach weiterhin Autorin der Zeitung.

DAS PROJEKT ZUKUNFT

Entwicklung und Ziele der Karl-Gerold-Stiftung

Richard Meng

Es gab, wenn man es geschichtlich betrachtet, durchaus unterschiedliche Rollen der Karl-Gerold-Stiftung. Lange Zeit aufsichtführende, im Kern dabei unternehmerische – später eher begleitende, unterstützende. Entsprechend den jeweiligen Verhältnissen, aber immer mit demselben Wertekompass und immer an der Seite der Zeitung.

Verändert hat sich die Rolle 2004 mit der ersten großen wirtschaftlichen Krise des Druck- und Verlagshauses, das die Rundschau damals herausgab. Seitdem hat die Gerold-Stiftung, die zuvor Alleineigentümerin gewesen war, nur noch zehn Prozent der Anteile – zunächst am Verlagshaus, nach dessen späterer Insolvenz weiterhin an der Zeitung. Seitdem hat sie als Minderheitsgesellschafterin nur noch sehr begrenzte unternehmerische Mitverantwortung, aber an den Stiftungszielen ändert das nichts.

Nachzulesen sind sie in der kurzen, klaren Präambel der Stiftungsverfassung: „Karl Gerold hat diese Stiftung bestimmt in dem Bestreben, die Haltung der ‚Frankfurter Rundschau‘, wie sie von ihm als Herausgeber, Verleger und Chefredakteur geprägt ist, zu erhalten. Nach seinem Willen soll sie sein und bleiben eine unabhängige, politisch engagierte, links-liberale Tageszeitung, verpflichtet dem Geist des Grundgesetzes und den Menschenrechten und ständig eintretend für das unbedingte Prinzip der Demokratie und für soziale Gerechtigkeit."

Seit die Zeitung nicht mehr vom Druck- und Verlagshaus herausgegeben wird, sondern rechtlich eine eigene Firma ist, gibt es einen Gesellschaftsvertrag. In ihm ist festgeschrieben, dass die *Frankfurter Rundschau GmbH* dieser Präambel von Gerolds Stiftungsverfassung verpflichtet bleibt – und die verlegerische Haltung auch weiterhin in allen Anstellungsverträgen der Redakteurinnen und Redakteure festgehalten wird. Wörtlich heißt es da: „Ihre Haltung ist sozial-liberal (links-liberal)". Das garantiert sowohl die publizistische Unabhängigkeit als auch die journalistische Grundlinie der Redaktion.

Die Stiftung bleibt also schon in ihrer Existenz die Garantin einer Rundschau, wie wir sie kennen. Sie wirkt bei der Sicherstellung der redaktionellen Unabhängigkeit mit, wofür sie auch eine dem Eigentumsanteil entsprechende Vergütung bekommt. Die Stiftung sieht sich dabei als Unterstützerin der Redaktion, zum Beispiel durch gemeinsame Diskussionsveranstaltungen mit der Chefredaktion zu aktuellen tagesübergreifenden Themen. Und sie bleibt als Minderheitsgesellschafterin real beteiligt, wenn es um die Auswahl von Chefredakteur bzw. Chefredakteurin der Zeitung geht.

Aber die Haupttätigkeit der Stiftung, finanziert durch die Zinsen aus Karl Gerolds Erbe und die Erträge aus der Beteiligung der Stiftung an der *Frankfurter Rundschau*, besteht vor allem darin, Journalismus-Studierende durch Vergabe von Ausbildungsstipendien finanziell zu unterstützen und seit einigen Jahren auch jungen Journalistinnen und Journalisten durch Recherche- und Reisestipendien die Möglichkeit zu geben, neue Erfahrungen zu sammeln und daraus spannende Texte zu machen, abgedruckt dann in der Rundschau.

Die Vergabe der Ausbildungsstipendien orientiert sich an Studienleistungen, finanziellem Bedarf und sozialem Engagement. Die Stiftung setzt darauf, dass die Geförderten später im Beruf für einen kompetenten und engagierten Journalismus stehen. Die Idee dieser Reisestipendien knüpft daran an, dass auch Karl Gerold schon in seinen frühen Jahren wesentliche, sein weiteres Leben prägende Erfahrungen durch viele Reisen im In- und Ausland gemacht hatte. Neugierde und Weltoffenheit als journalistische Prinzipien: darum geht es. Gefördert werden Reiseideen, die ergebnisoffen gesellschaftliche Begegnungen und Beobachtungen zu spannenden Themen erwarten lassen.

Karl Gerold hatte die Stiftungsverfassung mit ihrer Präambel noch zu Lebzeiten formuliert, die gemeinnützige Stiftung selbst wurde dann 1975 aus seinem Nachlass förmlich gegründet. Zunächst besaß sie zwei Drittel, ab 1984 hundert Prozent des Druck- und Verlagshauses. Dessen wichtigste Geschäftsführer stammten lange noch aus der Gerold-Ära. Die unternehmerische Leitung des Hauses (seit Gerolds Ausscheiden getrennt von der Chefredaktion) arbeitete insofern in großer personeller Kontinuität.

Das war später aus Redaktionssicht nicht nur ein Vorteil. Größere und neue verlegerische Projekte wurden von der Geschäftsführung selten angepackt, der Verzicht auf den Zukauf kleinerer Zeitungen im Rhein-Main-Gebiet war schon Gerolds verlegerische Linie gewesen.

Das erwies sich hinsichtlich der Auflagenentwicklung in der Region später als Handicap, war mit Blick auf die Kosten solcher Zukäufe aber auch gewollt im Interesse der Investition ins Überregionale. Mit dem Aufkommen des Internets wurde die Konzentration des Verlags auf den Betrieb der großen Druckerei in Neu-Isenburg zum Nachteil.

Diskussionsveranstaltung, gemeinsam organisiert von Chefredaktion und Karl-Gerold-Stiftung: die rheinland-pfälzische Ministerpräsidentin Malu Dreyer (SPD), FR-Redakteur Andreas Schwarzkopf und Richard Meng, Kuratoriumsvorsitzender der Stiftung (von links)

Die Karl-Gerold-Stiftung als Eigentümerin hatte diesen Kurs gestützt. In ihrem Kuratorium, dessen Aufgabe auch Einsetzung und Kontrolle der Geschäftsführung sowie die Berufung des Chefredakteurs waren, saßen neben jeweils einem Vertreter der Redaktion verschiedene Personen des öffentlichen Lebens. Zunächst hatte bis zu ihrem Tod 1988 Gerolds Witwe Elsy Gerold-Lang den Vorsitz. Werner Hess, ehemals Intendant des Hessischen Rundfunks, war ebenso phasenweise Kuratoriumsmitglied wie der frühere hessische Ministerpräsident Holger Börner oder der ehemalige Vorstandsvorsitzende des Springer-Verlags, Peter Tamm.

Sie verschafften und garantierten der Zeitung die nötige Unabhängigkeit. „Stets frei" war die *Frankfurter Rundschau*, sagt Gerhard Zehrt, Stiftungsvorstand rund um die Jahrtausendwende bis 2005. Doch der Verlag wurde in dieser Zeit aufgrund seiner Einnahmenstruktur dann auch besonders hart von der Medienkrise getroffen. Vor allem, weil bundesweit weit weniger Zeitungsumfang gedruckt wurde als zuvor und weil die für die FR so wichtigen privaten Kleinanzeigen sich auf kommerzielle Internetportale umorientierten. Die Karl-Gerold-Stiftung musste neue Partner suchen und das eigene Entscheidungsrecht im Verlag weitgehend abgeben.

Ab 2004, als nur noch zehnprozentige Minderheitsgesellschafterin, wurde es dann immer wichtiger, aktiv und erkennbar für die Zukunft des Qualitätsjournalismus einzutreten. Immer wieder geht es dabei auch wieder um die Frage: Was heißt das heute, Journalismus mit links-liberaler Haltung? Die Redaktion profiliert das Blatt, die Stiftung unterstützt sie dabei. Aber die – freie – Art der Profilierung muss sich immer wieder auch selbst hinterfragen, muss sich mit neuen Sichtweisen beschäftigen und Antworten aktualisieren.

Dass unabhängiger, profilierter Journalismus inzwischen vielfach ernsthaft bedroht ist, erleben wir täglich und überall. In der globalen digitalen Welt ist zu oft das journalistische Herdenprinzip allgegenwärtig. Alle hetzen der neuesten Meldung nach. Vielen fehlen Zeit und Hintergrundblick, es besser zu machen. Es sinkt die Zahl von festangestellten Journalistinnen und Journalisten weltweit, seriöse journalistische Kuratierung des täglichen Informationsflusses gerät generell unter Druck. Die Medienwelt ist unübersichtlicher und undurchschaubarer geworden, Vertrauen in publizistische Angebote wird rarer und wertvoller zugleich.

In solchen Zeiten ist kompetenter Journalismus, der sowohl Haltung zeigt als auch sich selbst transparent macht, ein wertvolles Gut. Im Alltag, im Prozess der öffentlichen Meinungsbildung, für die Demokratie. Leider – und das liegt auch am Publikum und seiner Zahlungsbereitschaft, speziell für Journalismus im Netz – fehlt ihm oft eine ausreichende finanzielle Absicherung. Die Arbeitsplätze werden unsicherer, die Arbeitsbedingungen für viele Medienschaffende prekärer.

Da gegenzusteuern, ist wichtig. Im Sinne von Wertschätzung für guten Journalismus heute, aber auch bei der Förderung der nächsten Generation. Die Gerold-Stiftung hilft da nach Kräften – und weiß doch, dass in der großen Aufspaltung und Umwälzung der Öffentlichkeiten viele weitere mitmachen müssen, um die Medienvielfalt und ihre prägende Rolle für Stil und Inhalt des öffentlichen Diskurses zu bewahren.

Die Rolle der *Frankfurter Rundschau* dabei? Dinge beim Namen nennen, sie einordnen. Regional und überregional für eine kritische links-liberale Blickrichtung stehen, für sozialen Zusammenhalt ebenso wie für eine weltoffene Kultur, für Menschenrechte und sozialen Ausgleich weltweit, gegen Hass und Ausgrenzung. Entschieden jedem Versuch widersprechen, den Horizont wieder auf nationale Sichtweisen zu verengen, sei es aus Desinteresse an der Welt oder aus absichtsvoller Vorrang-Deutschland-Haltung. Gegen jede Rückkehr von autoritärem, altem Denken die Stimme erheben. Das ist die FR, wie die Stiftung sie sieht.

In einem Aufruf zur Verteidigung journalistischer Qualitätsmaßstäbe hat die Karl-Gerold-Stiftung diese Grundhaltung 2017 festgehalten. In ihm heißt es unter anderem:

In vielen Gesellschaften haben Ungleichheit und Polarisierung zugenommen. Autoritär und nationalistisch ausgerichtete, rückwärtsgewandte Gruppierungen stellen den Fortschritt der vergangenen Jahrzehnte in Frage, der sich nicht zuletzt in mehr innergesellschaftlicher Liberalität und Vielfalt zeigt. Manche Menschen zweifeln an diesem Fortschritt, weil sie ihre eigenen Erfahrungen und Interessen nicht genug vertreten sehen. Um grundlegende soziale und kulturelle Werte muss deshalb wieder gekämpft werden. In dieser Situation kommt es entscheidend auf Glaubwürdigkeit und Haltung in der demokratischen Öffentlichkeit an. Eine der wichtigsten Stützen dafür ist guter Journalismus.

Die Karl-Gerold-Stiftung sieht sich als Teil einer gesellschaftlichen Bewegung für die Verteidigung journalistischer Qualitätsmaßstäbe in einer demokratischen Öffentlichkeit. Diese Bewegung muss gestärkt werden, weil

- die wirtschaftliche Basis vieler Qualitätsmedien schwächer wurde und deshalb die frühere journalistische Beobachtungsdichte oft schon jetzt nicht mehr erreicht wird,
- auch innerhalb des journalistischen Informationsangebots gefährliche Trends von Vereinfachung, Überpersonalisierung und oberflächlicher Zuspitzung erkennbar werden,
- im Zuge der Digitalisierung auch die Rolle des Journalismus insgesamt in Frage gestellt wird und Falschinformationen immer

schwieriger erkennbar sind,

- der Trend zur kommunikativen Abschottung innerhalb der Milieus Gleichgesinnter zunimmt und dadurch offener gesellschaftlicher Dialog schwieriger wird sowie
- guter Journalismus, der diesen Dialog ermöglicht, längst selbst immer wieder sehr direkt zur Zielscheibe populistischer Agitation und Angriffe wird.

Die Karl-Gerold-Stiftung fördert und unterstützt einen Journalismus, der auf Qualitätsmaßstäben basiert, unabhängig Informationen sammelt und einordnet, sich auf der Basis seiner berufsethischen Maßstäbe aber auch gesellschaftlich einmischt.

Die Karl-Gerold-Stiftung will mit ihren Förderprogrammen junge Journalistinnen und Journalisten unterstützen, die in diesem Sinne arbeiten. Ihr guter Journalismus ist gerade heute und in Zukunft dringend notwendig, damit die demokratischen Gesellschaften sich gegen Angriffe verteidigen und sich selbst positiv entwickeln können. Nicht von ungefähr gehört die Behauptung zum Repertoire dieser Angriffe, in der digitalen Welt werde Journalismus überflüssig. Dass Gegenteil ist richtig: Verantwortliches, glaubwürdiges Einordnen und Überprüfen von Einzelinformationen wird noch wichtiger. Eindeutige Haltung gegenüber Ungleichheit, Rassismus und Nationalismus muss immer neu bewiesen und gefestigt werden. Ohne engagierten Qualitätsjournalismus ist die offene Demokratie undenkbar.

Das alles ist leichter aufgeschrieben als verwirklicht. Die Umsetzung ist eine Aufgabe, die tagesaktuell in den Redaktionen geleistet wird, die aber auch Unterstützerinnen und Unterstützer braucht. Vor allem: engagierte Journalistinnen und Journalisten in jeder neuen Generation. Und das ist in vieler Hinsicht die positivste, mutmachendste Erfahrung der Stiftungsarbeit: Wenn die Stipendiatinnen und Stipendiaten aus dem ganzen Land zusammensitzen und sich über ihr Studium und ihre Pläne austauschen, treffen sich ungeheuer wache, mutige, kreative junge Menschen, die gestalten und etwas bewegen wollen.

Wenn die Reisestipendiatinnen und -stipendiaten unterwegs sind, ergeben sich immer wieder neue Blickrichtungen. Einer fuhr einen Monat lang mit Interrail durch viele Länder und suchte in seinen täglichen Begegnungen nach dem Europabild junger Menschen, ein anderer schaute sich in allen Himmelsrichtungen an den deutschen

Grenzen um, zumal angesichts der Reisehürden wegen Corona. Ortswechsel als Perspektiverweiterung: Genau dies ist es, was im professionellen Tagesjournalismus – unter wachsendem Zeitdruck und bei zunehmender Personalknappheit – inzwischen häufig zu kurz kommt.

Der Stiftungsvorstand bearbeitet und koordiniert diese Arbeit, das Stiftungskuratorium entscheidet über die einzelne Stipendienvergabe, und die Kuratoriumsmitglieder begleiten als Mentorinnen und Mentoren die ausgewählten Reiseprojekte. Es ist ein Projekt Zukunft, so wie es die *Frankfurter Rundschau* von Beginn an war.

Richard Meng, geb. 1954 in Gelnhausen. Studium der Politik, Mathematik und Soziologie in Gießen, Promotion in Sozialwissenschaften, 1984–2007 Redakteur der FR (Hessenreporter, Redakteur Seite 3, Korrespondent in Wiesbaden/Bonn/Berlin, zuletzt stellvertretender Chefredakteur), 2007–2014 Staatssekretär und Sprecher des Senats von Berlin, seit 2007 im Kuratorium der Karl-Gerold-Stiftung (ab 2015 Kuratoriumsvorsitzender), seit 2018 FR-Kolumnist, seit 2021 auch Chefredakteur der Zeitschrift *Neue Gesellschaft / Frankfurter Hefte*.

IMPULSE FÜR MORGEN

Wie die Chefredaktion auf die digitale Veränderung antwortet

Michael Bayer, Karin Dalka und Thomas Kaspar

Mut zum Widerspruch – ohne ihn ist guter Journalismus nicht zu haben. Seine Wächterfunktion erfordert Unerschrockenheit, Wahrhaftigkeit, Sorgfalt, Offenheit, Hartnäckigkeit. Schier endlos ist das klassische Aufgabenfeld: informieren, sortieren, filtern, erklären, einordnen. Dennoch: Heute reicht all das nicht, es braucht noch mehr.

Die Jetztzeit, das ist eine digital vernetzte Welt mit einer mächtigen Informationsökonomie, in der unzählige Kommunikationskanäle marktschreierisch um Aufmerksamkeit konkurrieren, die Unterscheidung zwischen Information und Desinformation schwieriger wird und die so genannte Öffentlichkeit in viele Öffentlichkeiten zerfällt. Zum großen Schaden der demokratischen Debattenkultur.

Die *Frankfurter Rundschau* wollte immer einstehen für einen Journalismus, der wertebasiert ist, mit Lust an der Auseinandersetzung und dabei dennoch konstruktiv. Diese Haltung drückt nicht gänzlich, aber ziemlich treffend ein Slogan aus: Wir können auch anders. Der Satz, der das Nein-Sagen ins Visionäre ausweitet, war im Wahljahr 2021 Titel einer Artikelserie. Selbstbewusst und verheißungsvoll kommt er daher, wie ein Türöffner zu anderen Wirklichkeiten. Das sollte die Serie auch: Stimmen aus der Zivilgesellschaft eine Plattform bieten. Feministinnen, Friedensbewegten, Flüchtlingsinitiativen, Klimagruppen, Bürgerrechtsorganisationen.

Gemeinsinn und Visionen verbinden solche engagierten Menschen. Miteinander, mit der Redaktion, den Autorinnen und Autoren, mit der Leserschaft. Die Überzeugung *Wir können auch anders* prägt den Kommunikationsraum der Zeitung. Er bietet progressiven Menschen einen Ort des respektvollen Austauschs, des Zuhörens, des gemeinsamen Nachdenkens, während die öffentlichen Diskurse disparater und hitziger werden. Und er wirkt wie ein Verstärker für leise, kluge Stimmen, die sonst von den Mächtigen in Politik und Wirtschaft arrogant ignoriert oder von rechtspopulistisch-destruktiven Lautsprechern übertönt werden.

Dieser Kommunikationsraum entspricht dem, was der Medienwissenschaftler Bernhard Pörksen in einem Interview als Anforderung an zukunftsfähigen Journalismus so formuliert hat: „Klassische Medien sind in der gegenwärtigen Situation und im allgemeinen Informationsgestöber idealerweise Instrumente der Abkühlung und der Aufklärung, der Mäßigung und des zweiten Gedankens." Der zweite Gedanke – nicht selten ist er das erste Glied einer Assoziationskette, aus dem ein fulminantes neues Gedankengebäude entstehen kann.

Ein solches hat auch eine andere Artikelserie gebaut: *Die Welt nach Corona*. Sie startete, als der erste Lockdown und der Schock über die weltweite Ausbreitung der Krankheit alles dominierten. In der akuten Krise über die Welt danach reden? Unbedingt. Meinten Autorinnen und Autoren wie der Kapitalismuskritiker Paul Mason, die Schriftstellerin Jagoda Marinic, die Klimaforscherin Claudia Kemfert oder Linken-Chefin Katja Kipping, als sie ihre Gastbeiträge zusagten. Meinten auch die vielen Leserinnen und Leser, die am Ende nach einem Buch fragten, um alle Texte noch einmal nachlesen zu können.

Derart anders zu sein, muss ein journalistisches Medium erst einmal können – in einem fortlaufenden Prozess und auf der Suche nach jenen, die keine lauten Pressebüros beschäftigen, die sich nicht in den Vordergrund drängen, aber dennoch auf die Bühne der Berichterstattung gehören. Während viele im Publikum längst gar keine Zeitung mehr abonniert haben, ihre Suche nach Alternativen, etwa im Internet, aber konstant groß ist. Dreierlei zu verbinden: die journalistische Prüfung der Vielfalt, die Vorstellung von Ideen und die fundierte Einordnung der Fakten – das bietet neue Chancen. Gemeinsam mit den Interessierten von heute, aus denen die Mutigen von morgen werden könnten.

Eine dritte Serie: *Zukunft hat eine Stimme*. Hier wurden die Geschichten von innovativen Menschen erzählt, die Start-ups gründen, Petitionen starten, experimentieren und auch im Kleinen etwas Großes bewegen wollen. Es sind Menschen wie die Kieler Designstudentin Zue Zhao, die einen Schwangerschaftstest aus Papier entwickelt hat, als Alternative zu Plastik. Oder die Münchnerin Eva Apfel, die als Mitglied der Organisation „Diversity" einen Treff für queere junge Leute organisiert. Oder der Offenbacher Straßenbau-Unternehmer Lutz Weiler, der testweise einen wasserdurchlässigen Asphalt verlegt.

Die Welt ist voll von solchen Menschen, die die Frage *Was tun?* sehr konkret beantworten. Nach ihnen gezielt zu suchen, ist kein Paradigmenwechsel: Die kritische Perspektive bleibt. Konstruktiver Journalismus schreibt die Welt nicht schöner als sie ist. Er sei „kein Wohlfühljournalismus", sagt die FR-Kolumnistin Maren Urner, die selbst ein lösungsorientiertes Online-Magazin betreibt. Als Neurowissenschaftlerin hat sie die Wirkung der permanenten digitalen Nachrichtenflut auf die Psyche analysiert und festgestellt: All die Liveticker alleine – zu Kriegen, Skandalen, Anschlägen, Katastrophen – versetzen in hilflose Panik. Die Folge: Wir kapitulieren.

Redaktionsspitze 2021: Michael Bayer und Karin Dalka (beide Vizes) mit Chefredakteur Thomas Kaspar (rechts)

Das ist Gift für eine Demokratie, die vom Engagement ihrer Bürgerinnen und Bürger lebt. Es spielt denen in die Hände, die sich an ihr vergreifen und sie vom rechten Rand bis in die Mitte der Gesellschaft aushöhlen wollen. Es ist auch Gift für eine Welt, in der Kriege nicht enden und das Klima kippt. Das Gegengift sind andere Lebens- und Gesellschaftsentwürfe, politische Initiativen, persönliche Vorbilder, Aktionen zum Mitmachen. Wie die Klima-Wette: eine „FR-Gemeinde" trat gegen das Frankfurter Energiereferat an und sparte binnen fünf Wochen fast 400 Tonnen Kohlendioxid ein. 150 Zuschriften und ein haushoher Sieg – zuallererst für die Umwelt.

Wer herausfinden will, was eine Zeitung ausmacht, landet nicht zuletzt bei dieser „Gemeinde". Lebhaft, anspruchsvoll und mindestens so meinungsstark wie die Zeitung. Dialogpartnerin. Bestes Beispiel: die Diskussion über eine gendergerechte Sprache. Das generische Maskulinum ist seit Oktober 2020 in der FR kein Standard mehr, der inklusive Doppelpunkt ist möglich. Für die Redaktion ist es eine Frage der Gerechtigkeit, die Vielfalt der Geschlechter in den Texten besser abzubilden. Die Zeit der alten männlichen Form ist vorbei.

Der Entscheidung ging ein wochenlanger Austausch mit der??? Leserschaft??? voraus. Ihre Zuschriften füllten Seiten, das Meinungsbild war heterogen. Die einen bangten um die ihnen vertrauten Sprache. Den anderen war das exklusive, Frauen und Minderheiten ausgrenzende Sprechen und Schreiben schon lange unvertraut, ja fremd geworden.

Wie könnte es anders sein: Die Debatte ist noch lange nicht zu Ende. Sprachveränderungen sind ein sensibler Prozess. Als progressives Medium wollte die *Frankfurter Rundschau* nicht warten, sondern handeln, wohlwissend, dass da vieles noch unausgegoren und unharmonisch ist. Viele der Lösungen werden nun selbst entwickelt, immer im engen Austausch mit den Leserinnen und Lesern.

Charakteristisch für die *FR-Gemeinde*: außer Frage stand und steht das gemeinsame Ziel – mehr Geschlechtergerechtigkeit. Das schließt diejenigen ein, die daran zweifeln, dass eine gendersensible Sprache tatsächlich dazu beiträgt. Die Aufmerksamkeit der Leser:innen (in der Rückschau erst wird sich zeigen, ob diese Schreibform tragfähig sein wird) ist hoch, wie konsequent oder auch behutsam die Zeitung diesen Weg nun geht – Fehler inklusive. Es ist ein selbstkritischer Diskurs, zu dem es gehört, Meinungsdifferenzen auszuhalten und zugleich Kante zu zeigen.

Viele in der Leserschaft lieben den Text auf Papier. Daneben gibt es eine wachsende Zahl an Abonnentinnen und Abonnenten, die diese gebundene Form an ihrem Tablet als E-Paper lesen. Aber reicht das an Vielfalt? Für die Jüngeren ist nicht mehr zwingend klar, dass ein großer Text oben aus Sicht der Redaktion wichtiger als ist als ein kleiner unten. Wer aber Zeitung nicht versteht, wird auch mit einem E-Paper kaum etwas anfangen können.

Deshalb gibt es nun eine digitale Alternative, die die Anmutung der jungen Welt aufgreift – etwa interaktive Elemente und ein magazinartiges Layout. Die zugleich wie die Zeitung in der Ausgabenlogik funktioniert – in der die Gesamtkomposition der Inhalte, erstellt mit einer inhaltlichen Haltung, das wichtigste Argument bleibt, sich für genau diese Zeitung zu entscheiden. Eine Alternative auch, die all den anderen lauten Webseiten mit den Livetickern zu Kriegen, Skandalen, Anschlägen, Katastrophen ein ruhiges, niveauvolles digitales Produkt entgegensetzt: eine App für Tablet und Smartphone. *FR+* enthält die wichtigsten Texte eigener Autorinnen und Autoren in einem großzügigen, magazinartigen Layout.

Dazu kommen eigene digitale Inhalte: etwa die Sammlung der Bilder des Tages aus aller Welt – und eine Zusammenstellung von Motiven aus Hessen. Die Karikaturen von Thomas Plaßmann lassen sich auch aus den Vortagen abrufen. Interaktive Grafiken erläutern Prognosen und Ergebnisse von Wahlen. Im Wesentlichen aber ist das eine unhektische Tagesausgabe, die sich Leserinnen und Leser in Ruhe vornehmen können. Wohlwissend: Hier kommt nicht ständig eine vermeintlich eilige Meldung hinterher, die sich beim näheren Betrachten als doch nicht so relevant herausstellt.

Da schwingt das Versprechen mit: Wer eine solche Ausgabe „durchgewischt" hat, kann sicher sein, bei den zentralen Debatten des Tages mitreden zu können. *FR+* ist keine klassische Zeitung, aber mit deren Kerntugenden ausgestattet. Und auch ein Informationskanal wird kontinuierlich ausgebaut: Thematische und regionale Newsletter geben eine Gesamtübersicht – viele täglich, manche wöchentlich. Das Besondere: Auf diesem Weg landen im E-Mail-Postfach Verweise auf die besten Hintergrundtexte aus der Zeitung – kombiniert mit den jüngsten schnellen Nachrichten. Es wird ein Zugang zu den Kernthemen der Zeitung im weltweiten Web möglich.

Engagierte Menschen benötigen konstruktive Zusammenhänge und kritische Orientierung. Nur weil die Öffentlichkeiten fragmentiert sind, heißt das nicht, dass Gemeinschaften nicht einen inneren Halt, ein Forum für den Diskurs brauchen. Rundschau heißt dann eben auch, nicht nur inhaltlich in die Runde zu schauen, sondern einen breiten Zugang von allen Wegen aus zu ermöglichen. Wobei sich die Zugehörigkeit zur Ippen Medien Gruppe als zusätzliche Chance erweist: Zahlreiche weitere Portale veröffentlichen FR-Artikel und stellen so die Brücke zu neuen Leserinnen und Leser her.

Rund eine halbe Million Menschen schauen täglich auf einem dieser Wege in den Webauftritt, viele mehrmals wöchentlich. Das ist noch kein klassisches Abonnement, wie es die Zeitungsleserinnen und -leser abschließen. Aber es ist die wiederholte, konstante Kontaktmöglichkeit mit einem großen Publikum. Eine Reichweite ähnlich der, wie sie Zeitungen in den Hochzeiten der Print-Auflage hatten, jetzt auch als starke Stimme im Internet. Guter Journalismus muss dabei sein altes Qualitätsversprechen bestätigen, andererseits die neuen Nutzungsgewohnheiten berücksichtigen. Leserinnen und Leser dann und dort abholen, wo sie es benötigen.

Das bringt auch neue Möglichkeiten, Geschichten zu erzählen. Ein Reportageteam reist um die Welt, um zu zeigen, wie Bildung weltweit zur Entwicklung beiträgt. Wenn dann beschrieben wird, wie Mädchen in Burkina Faso zu Automechanikerinnen ausgebildet werden oder Flüchtlinge im ugandischen Lager Kyangwali selbst eine Schule aufbauen, in Kambodscha eine Khmer-Version der Blindenschrift entwickeln – dann gibt die Zeitung diese Geschichten nicht einfach wieder, sie erzählt sie neu.

Auf den Magazinseiten gruppieren sich Fotos und Karten zu orientierenden Texten. Im Internet lassen multimediale Reportagen die Menschen direkt zu Wort kommen und ermöglichen so erst Nähe und damit Empathie. Das verändert den Journalismus nicht nur formal. Die Reporterinnen und Reporter machen sich auf eine neue Weise überprüfbar, indem sie Gespräche direkt veröffentlichen. Sie verlassen die Perspektive eines *Fallschirmjournalismus*, der in eine Weltregion hereinspringt, berichtet und wieder zurückkehrt in das Land des Mediums. Sie beteiligen die Menschen vor Ort, machen sie nicht nur zum Gegenstand. Und die Leserinnen und Leser werden Teil des Projekts, können sich stets beteiligen.

Es sind Ideen aus dem Konzept *Zukunft hat eine Stimme*, das immer auch die Quellen zum Selbststudium öffnet und Beteiligungsmöglichkeiten aufzeigt. Weil gerade in der digitalen Jetztzeit die Zeitung der Ort bleiben muss, an dem besondere Menschen über besondere Menschen für besondere Menschen berichten.

Michael Bayer, geb. 1968 in Lampertheim. Studium der Politik in Mannheim und Marburg, ab 1989 freie Mitarbeit beim *Mannheimer Morgen*, ab 1992 freier FR-Mitarbeiter in verschiedenen Ressorts, Redakteur seit 2000 (Ressorts Wissenschaft, Feuilleton/Medien, Wirtschaft und Online), Ressortleitung Online ab 2010, seit 2013 zusätzlich Mitglied der Chefredaktion, seit 2020 stellvertretender Chefredakteur.

Karin Dalka, geb. 1959 in Gelsenkirchen. Studium der Philosophie, Politik, Germanistik und Journalistik an den Universitäten München, Heidelberg, Paris, Konstanz und Mainz. Seit 1991 Redakteurin der FR, langjährige Erfahrung in der Nachrichtenredaktion, dann Politikchefin, seit 2020 stellvertretende Chefredakteurin.

Thomas Kaspar, geb. 1968 in München. Studium der Soziologie, Politikwissenschaften und Germanistik in Passau. Nach Stationen als Musikdramaturg und Redaktionsleiter bei der *Passauer Neuen Presse* ab 2000 beim *Donaukurier*, wo er einen der ersten Internetauftritte einer deutschen Tageszeitung aufbaute. Ab 2001 als Digitalexperte Wechsel zu Burda, später nach einer Auszeit ab 2015 zu Ippen Digital, zunächst als Produktchef und später als einer der Chefredakteure der Online-Redaktion. Seit 2019 Chefredakteur der *Frankfurter Rundschau*.

DIE GROSSE QUALITÄTSFRAGE

Ein journalistisches Generationengespräch über die
heutigen und künftigen Herausforderungen

Qualitätsjournalismus? Was hat ihn ausgemacht, was macht ihn derzeit aus, wie wird er künftig sein? Im Dialog suchen Thomas Kaspar und Richard Meng Antworten. Der Chefredakteur der Frankfurter Rundschau und der Kuratoriumsvorsitzende der Karl-Gerold-Stiftung stehen dabei für zwei Journalistengenerationen mit zwei Erfahrungswelten. Meng war 1984 bis 2007 FR-Redakteur, Kaspar kam 2018 neu zur Zeitung. Dazwischen: der fundamentale Umbruch im journalistischen Berufsfeld durch den digitalen Medienwandel. Aber es gibt gemeinsame Linien. Nicht nur Haltungen und Ziele, auch Ideen und Perspektiven.

Meng: Vielleicht machen wir es uns mit dem Q-Wort zu leicht. Wer sich zum Qualitätsjournalismus bekennt, ist automatisch auf der guten Seite. Und dann? In der Praxis reichen Bekenntnisse selten aus. Manchmal gibt es ihn ja auch dort nicht, wo er ständig hochgehalten wird. So war das immer schon, erst recht in der digitalen Medienwelt.

Kaspar: Menschen verstecken sich immer gern hinter Begriffen, das stimmt. Manche verwechseln ihre Definition von etwas auch mit der Wirklichkeit. Qualitätsjournalismus heute, das ist nichts Statisches. Es muss ihn zu jeder Zeit, auf jedem Kanal geben. Aber er präsentiert sich anders als früher, es muss sich anders präsentieren. Qualität heißt gerade derzeit Notwendigkeit zur Veränderung.

Meng: Wie das, Qualitätsjournalismus notfalls auf Twitter? Es braucht zum Argumentieren immer noch eine gewisse Satzlänge. Und das Wesen eines Textes bleibt es, dass man beim Lesen einer Argumentation folgen kann und muss, die einen auf eigene Gedanken bringt ...

Kaspar: Da sind zwei Themen berührt. Zum einen das Zerlegen des Journalismus in kleine, abbeißbare Happen. Zum anderen das, was

Dialog über die Zukunft des Journalismus: Richard Meng (Karl-Gerold-Stiftung / links) und Chefredakteur Thomas Kaspar

man Kontextualisierung nennt, also: Dinge in den Zusammenhang stellen und im Zusammenhang sehen. Fangen wir mit den Happen an. Das ist tatsächlich ein Problem im Digitalen allgemein und in den sozialen Netzwerken speziell. Aber die große Herausforderung für den Qualitätsjournalismus heute kommt ja auch vom geänderten Leseverhalten her ...

Meng: ... wobei man aber nicht nur opportunistisch und angepasst darauf reagieren und die Schuld beim Publikum suchen sollte.

Kaspar: Tun wir ja auch nicht. Aber ein Journalismus, der sein Publikum nicht erreicht, ist kein Qualitätsjournalismus mehr. Wir wissen zum Beispiel, dass die Leute heute Texte anders konsumieren als früher. Zuerst scannen Sie das Ganze, machen sich ein Gesamtbild, brechen beim Lesen dann aber auch wesentlich schneller ab als früher. Die Bereitschaft, lange Texte zu lesen, bleibt auf eine sehr enge, eher ältere Zielgruppe beschränkt. Jüngere Qualitätsleser müssen anders erreicht werden – und dieses Erreichen für wichtige Themen, das muss immer das Ziel von Qualitätsjournalismus sein.

Meng: Entscheidend scheint mir, dann aber darauf zu bestehen, dass Auseinandersetzung schon die zusammenhängende Argumentation nötig macht, das zusammenhängende Denken. Happen schmecken manchmal, für zwischendrin. Da sollte niemand so arrogant sein, sie abzutun. Aber letztlich geht es ja, um im Bild zu bleiben, um gesunde Ernährung auf Dauer. Sich zu ernähren, ist nicht zuletzt eine Kulturtechnik, auch und gerade wenn es um Geistiges geht. Ob wir das heute noch weitergeben können oder nicht, macht für die Zukunft den Unterschied.

Kaspar: Da sind wir beim zweiten Begriff: Kontext. Du brauchst selbst eine Haltung, wenn es um Information und Einordnung geht. Und du musst diese Orientierung in den Texten bieten. Dazu brauchst du profundes Wissen. Das ist für mich heute ein großes Thema, wenn ich auf die Entwicklung des Journalismus schaue. Heute schreiben viele vor allem mit dem Ziel vieler Klicks. Leute, die selbst nur noch in Überschriften denken. Und ohne tiefere Kenntnis der Themen. Das ist eine große Gefahr.

Meng: Bei denen, die sich für Qualitätsjournalisten halten, ist das Selbstbewusstsein manchmal auch nicht mehr besonders ausgeprägt. Da ist viel Defensive und Unsicherheit spürbar, verständlich vielleicht sogar angesichts der wirtschaftlichen Lage in manchen Medienhäusern. Wie wäre es da mit etwas mehr Stolz auf den eigenen Ansatz? Auf den Wert der Qualität?

Kaspar: Na ja, das hängt natürlich immer auch von der Stimmungslage insgesamt ab. Es gibt da aber ja oft ein großes Missverständnis. Ich erlebe eine ungeheure Macht der Kennzahlen. Auflage, Einschaltquote, Klickzahl. Da ist sehr entscheidend, inwieweit die jeweiligen Chefredaktionen den Mut zum Journalismus fördern – oder ob sie nur auf die Kennzahlen schielen. Letzteres führt meistens sehr schnell zu Abwärtsspiralen.

Meng: In der Tat, diese Falle ist in der heutigen Form neu. Bis in die 90er Jahre hinein fühlte der Journalismus sich in seiner inhaltlichen Unabhängigkeit geradezu autonom gegenüber den Fragen des Medienmarktes. Die waren Sache der Verlage. Was das Publikum davon hält? So mancher hat es regelrecht abgelehnt, sich so eine banale

Frage zu stellen. Man mag das heute ignorant finden oder arrogant, damals war es empfundener Ausdruck journalistischer Souveränität. Heute ist es manchmal genau anders herum, wird der Text zum Nebenprodukt der schnellen, aufgeregten Kurznachricht.

Kaspar: Das ist genau das große Missverständnis. Nehmen wir mal ein Beispiel, die Berichterstattung über Afrika. Die entfernt sich immer weiter von einer profunden Darstellung der Zusammenhänge. Für sie gibt es keinen Raum mehr, angeblich weil das Publikum es nicht liest. Achtung: Das stimmt nicht. Aber wenn ein Medium die Berichterstattung wagt, muss es diese dann auch durchhalten. Wer einen langen Atem hat, kann ein Thema in seiner Leserschaft auch aufbauen.

Meng: Das steht zumindest für Themenkontinuität. Wobei zur ganzen Wahrheit gehört, dass ein Korrespondent den ganzen Kontinent abdeckt. Früher war es meistens auch nur einer, der hatte jedoch deutlich mehr Abdruckchancen bei den Heimatredaktionen, bei denen das Thema heute gar nicht mehr vorkommt. Aber wenn man dann etwas näher ins Inland blickt, zeigt sich der rein quantitative Verlust an Journalismus oft noch viel dramatischer. Länderkorrespondenten gibt es kaum mehr, in der Fläche jenseits der Metropolen lässt sich Qualitätsjournalismus nicht mehr finanzieren, zumindest nicht in vielfältiger Form.

Kaspar: Der Befund ist richtig. Eine bestimmte Art journalistischer Funktionen ist dem Aussterben nahe, ich denke da sogar an die Funktion journalistischer Kontrolle gegenüber politischer Macht, Kontrolle durch Transparenz. Im Hessischen Landtag gibt es heute gerade noch drei feste Korrespondenten, und ganze Gemeinderäte werden journalistisch gar nicht mehr begleitet. Es ist auch unter Demokratiegesichtspunkten nicht leicht, aber dringend nötig, da gegenzusteuern.

Meng: In der bundespolitischen Berichterstattung gab es ja den Trend, Büros zusammenzulegen. Da gibt es längst Korrespondenten, die für vierzig oder fünfzig Blätter schreiben. Stets unter hohem Zeitdruck. Ständig unter der Erwartung, rund um die Uhr für die verschiedenen Abspielwege zu liefern. Zwischendrin über Twitter, dann immer mal aktualisiert für den Internetauftritt, am Ende des Tages dann – mehr oder weniger erschöpft – für Print. Und, wen wundert es, viel vom Gleichen – um nicht zu sagen: vom selben. Früher wurde einmal täglich, meist nachmittags, geschrieben. Wobei: da stimmt natürlich, dass es am Publikum vorbeiginge, so zu arbeiten wie früher. Und dieses Publikum hat sich sehr daran gewöhnt, womöglich wenig bewusst, dass es die früher übliche thematische Breite der Berichterstattung kaum mehr gibt.

Kaspar: Aber beschreiben reicht da nicht, wir müssen gegenhalten. Die einzige Chance ist, Schwerpunkte zu bilden. Wir können nicht überall dabei sein. Räumlich nicht, thematisch auch nicht. Heute gilt: wenn wir einsteigen, dann richtig. Mit Engagement und Kompetenz.

Meng: Wenn nun der Qualitätsjournalismus nur gelegentlich einsteigt, wenn es besonders dramatisch wird: Bewirkt dann nicht auch er ein systematisch verzerrtes Bild? Ein Teil der Vorwürfe aus dem Osten der Republik hat da ja eine reale Grundlage.

Kaspar: Unser Job ist es, zu verhindern, dass eine Art Todesspirale in Gang kommt. Nochmal zu Afrika: Natürlich kann man Leserinnen und Leser auch mal für Themen begeistern, kann man hartnäckig bleiben und so Themen vor der Vergessenheit bewahren, kann durch fortwährende Berichterstattung auch gesellschaftlichen Druck verstärken. Profunde Information ist da stets die Basis. Und profunde Information braucht profunde Beobachtung, dauerhaft. Nicht zuletzt, damit die oft so diffusen Stimmungslagen in der Gesellschaft im besten aufklärerischen Sinn mit der Wirklichkeit konfrontiert werden.

Meng: Dazu heißt es in der Medienwissenschaft aber häufig, die Zeit der Aufklärung via Journalismus sei vorbei. Im Netz läuft der Kontakt Absender-Empfänger von Informationen direkt ab, mit allen Chancen und Risiken. Chancen vor allem für die Absender, deren Inputs keiner kritischen journalistischen Begleitung mehr standhalten müssen. Echter Journalismus wird so endgültig zum Minderheitenprogramm.

Kaspar: Jedenfalls ist die Social Media-Abteilung des FC Bayern inzwischen größer als die Sportredaktion der *Frankfurter Rundschau*.

Es werden mitunter die besten Journalisten aufgesaugt, um Direktkommunikation im Interesse einzelner Anbieter und ihrer Interessen zu betreiben. Zum Beispiel: die Sichtweise des FC Bayern reinzupressen. Dem musst du etwas entgegenhalten.

Meng: Wobei dieser Trend noch eine andere gefährliche Seite hat. Diejenigen, die in Politik, Wirtschaft oder auch Sport heute steuern, haben häufig überhaupt keine eigene Kompetenz mehr zur Kommunikation auf diesen direkten Kanälen. Das hat etwas mit Technik zu tun, aber auch mit der Art und Weise, wie das Mediensystem tickt, wie diese zerklüftete Öffentlichkeit funktioniert. Also kaufen sie sich die Medienkompetenz ein. Sie lassen kommunizieren, direkt ans Publikum, für sich selbst und möglich authentisch wirkend. Durch Leute, die mit der Sache eigentlich nichts zu tun haben, sondern nur ihr eigenes Handwerk umsetzen. Es ist ungeheuer schwer geworden, das aus der Perspektive eines unabhängigen Qualitätsjournalismus über ein intellektuelles Minderheitenprogramm hinaus zu durchbrechen. Denn die eingekauften Kommunikationsapparate traktieren dann ja rund um die Uhr auch den Qualitätsjournalismus in seinem Hamsterrad, der ihnen, wenn er an Informationen herankommen will, mehr oder weniger ausgeliefert bleibt.

Kaspar: Das Neue der Digitalisierung ist tatsächlich, dass die Informationsanbieter immer weniger die Medien brauchen. Das ist die gefährliche Spirale, weil das Publikum das Gespür dafür verliert, dass es eine kritische Zwischeninstanz braucht, von der die Dinge eingeordnet werden. Das ständige professionelle Framing tagesaktueller Entwicklungen birgt eine große Gefahr, nicht zuletzt für die Diskursfähigkeit und die Meinungsbildung in der Demokratie. Die Aufgabe von Qualitätsjournalismus ist es heute, dieser PR- und Contentmaschinerie etwas entgegenzusetzen. Aber da sind wir wieder am Anfang und den geänderten Konsumgewohnheiten. Morgens eine halbe Stunde lang beim Frühstück eine Zeitung in die Hand zu nehmen: Das allein funktioniert nicht mehr als Geschäftsmodell. Es gibt andere Kanäle, und Journalismus muss auch auf ihnen konkurrieren. Wir dienen nicht uns selbst. Wir dienen dem Publikum.

Meng: Womit wir bei der Frage wären, welchen Stellenwert dabei künftig die Form ‚Text‘ noch haben kann. Text, Bild, Bewegtbilder:

Da ist, vorsichtig ausgedrückt, heute schon weit mehr Vermischung als früher. Verleger und Fernsehsender beharken sich zwar immer wieder, als säßen sie nicht – in Sachen Publikumsnähe und Qualität – im selben Boot, als hätten sie nicht die gleichen Probleme. So wie im Print digital die Grenzen der klassischen Formen verfließen, kaum mehr zwischen Nachricht und Beschreibung und Bewertung getrennt wird, gibt es auch immer mehr Mischformen zwischen Visualisierung und Wort.

Kaspar: Warum hören die jungen Leute denn so gern Podcasts? Weil die ein Nebenbei-Medium sind. Die ausschließliche Konzentration auf Texte, die ganze Aufmerksamkeit brauchen, ist nicht mehr so da wie früher. Wer hört Podcasts? Kluge Menschen, die sich nebenbei informieren und sehr, sehr genau unterscheiden, wer da spricht, ob die Qualität des Beitrags gut ist, was als Bewertung transportiert wird und was als Fakten. Da ist doch eine riesige Chance. Das Zweite ist: Wir erleben einen neuen Umgang mit Zeit. Dass alle zur gleichen Zeit das Gleiche lesen oder hören oder sehen – das gibt es nicht mehr. In diese Bewegung müssen wir mit unserem Journalismus reinkommen. Nach wie vor lieben die Leute Orientierungsstrukturen, aber das sind andere als früher.

Meng: Nun wird dabei auch die Bildfixiertheit immer größer. Printjournalisten haben früher gedacht, der Text sei das Zentrum, alles andere Beiwerk. Mittlerweile scheint manchmal eher der Text das Beiwerk. Und besonders das bewegte Bild dominiert. Entscheidend ist: wie wirkt jemand im Fernsehen? Eine Fixierung auf Nonverbales geradezu. Gefühlsbedienung, nicht Inhalte. Kann seriöser Journalismus das überhaupt, Gefühle bedienen? Darf er es können wollen? Oder wird er damit nicht automatisch zu plattestem Boulevardjournalismus, und sei es auf hohem manipulativem Niveau?

Kaspar: Du musst die Technik kennen, um sie nutzen zu können. Auch bei langen Texten kann sich aus der Bildschirmgröße eines Smartphones ergeben, wie lang ein Absatz sein sollte. Ich erkenne daran nichts Unrechtes oder Qualitätsminderndes. Wenn der Absatz länger ist, als das Display aufnehmen kann, wird er im Zweifel nicht gelesen. Es hilft ja nichts: Wenn das so ist, muss man damit umgehen. Aber von wegen nur Text, die Fragmentierung greift inzwischen ja bis ins Bild hinein. Da werden Bildschnipsel genommen, die dem ganzen Bild längst nicht mehr entsprechen müssen. Bildbearbeitung ist in den digitalen Zeiten mindestens so manipulationsgefährdet wie Textbearbeitung. Und Profis, zumal in der Politik, wissen da ja auch: Sage nie etwas, was aus dem Zusammenhang gerissen als Schnipsel gegen Dich verwendet werden kann. Liefere um Himmels Willen auch kein Bild, mit dem man irgendwann etwas ganz anderes illustrieren kann, als du es dir wünschst.

Meng: Da wir gerade bei den größeren Zusammenhängen sind: Wir müssen nicht nur über das Verhältnis zwischen Text und Bild reden. Innerhalb des Bewegtbildangebots gibt es einen Trend, den die Profis mit „Fiction" benennen. Das bedeutet: Politische und/oder historische Entwicklungen werden im Fernsehen immer häufiger in Formaten aufgegriffen, die einem Spielfilm ähnlicher sind als einer soliden, seriösen Dokumentation. Zeitgeschichte als Rollenspiel: Schauspielerinnen und Schauspieler treten szenenweise als Napoleon, Hitler oder fiktiver Bundeskanzler auf. Die Fernsehmacher behaupten, dass die Leute dann emotionshalber eher dranbleiben. Die Einschaltquoten geben ihnen Recht. Dass das Journalismus sei, wird auch gar nicht behauptet. Aber indem sie sich für Fiction entscheiden, entscheiden Sie sich gegen journalistische Formate.

Kaspar: Ich habe gegenüber solchen Trends, die erstmal unausweichlich wirken, einen großen Langmut. Emotionalisierung in Überschriften zum Beispiel: Die Leserinnen und Leser sind ja nicht blöd. Wer heute nur emotionalisiert, fällt durch. Es wird dann nicht mehr gelesen. Ich sage: Es wird weiter die Zeitung geben. Aber es gibt eine Funktionsverschiebung. Die Tagesaktualität ist nicht mehr das Wichtigste. Es ist nicht mehr so, dass ich Nachrichten aus der Zeitung als erstes erfahre. Aber für Überblick und Orientierung brauche ich eine gebundene Form: Früher hat man gesagt, es gibt eine „Die-Welt-steht-noch"-Funktion. Heute würde ich sagen, gebundene Medien vermitteln eine „Die-Welt-ist-noch-schaffbar"-Botschaft. Es ist möglich, den Überblick zu behalten. Aber nur mit Hilfe eines guten Journalismus. Man kann es Sortierfunktion nennen, aber auch Endlichkeitsfunktion.

Meng: Da sind wir bei den sogenannten personalisierten Angeboten im Netz. Die Algorithmen werten aus, was die einzelnen Leute so lesen, und sie bieten ihnen – personalisierte Werbung inklusive – dann genau das immer wieder an. Ist das nicht eher die perfekte Manipulation, die ideale Voraussetzung zur ideologischen Blasenbildung? Da mögen ruhig auch Qualitätsangebote drunter sein, letztlich funktioniert Journalismus dann im Sinne reiner Selbstbestätigung. Und, nie zu vergessen, als trojanisches Pferd für angehängte Konsumangebote. Die Befürworter sagen: So wird die Welt verstehbarer, passgenau sozusagen. Aber man kann es auch als das endgültige Ende einer allgemeinen Öffentlichkeit sehen.

Kaspar: Ich glaube, dass die lange Tradition der journalistischen Ausbildung im Printbereich, dass die absolute Konzentration auf den Inhalt bisher noch nicht erreicht wurde von irgendeinem anderen Medium. Wenn wir uns nun mit all den kritischen Tendenzen auseinandersetzen, ist für mich die entscheidende Frage: Geht etwas verloren – oder haben wir nur Angst davor, dass etwas verloren gehen könnte, das bewahrt werden müsste?

Meng: Kontinuierliche Beobachtung und hintergründige Beschreibung sind weniger geworden. Vor allem, weil sie einen Aufwand und eine Präsenz erfordern, die sich immer seltener aus den Erlösen finanzieren lassen. Und ein wenig Kaschieren ist dann, und sei es aus positiven Motiven, manchmal auch dabei: Wenn ersatzweise kleine Rechercheteams gebildet werden, die fallweise an Themen dranbleiben, während der Rest der Redaktion Fließbandarbeit bei der Fertigstellung des Produkts zu leisten hat, ist das mehr als nichts. Aber weniger als eigentlich wünschenswert. Zugegeben: Das mag eine Sicht aus Perspektive der vergangenen Verhältnisse sein.

Kaspar: Meine These ist, dass heute Schwerpunktsetzung immerhin Qualität sichert. Auch wenn, zum Beispiel im Sport, vorwiegend noch die Spitzenereignisse beschrieben werden können. Aber nehmen wir mal Schwerpunkte wie soziale Gerechtigkeit oder Beobachtung der rechten Szene. Natürlich sind das dann Teams, die sehr genau und über einen längeren Zeitpunkt hinsehen. Dafür stehst du dann aber auch mit deinem Namen als Zeitung gerade. Wobei ich mir daneben manchmal natürlich schon wünsche, finanziell so abgesichert zu sein, wie es die Kolleginnen und Kollegen vom öffentlich-rechtlichen Rundfunk sind ...

Meng: Wir dürfen das nicht im Gegensatz denken. Die Öffentlich-Rechtlichen sind, soweit es um die Existenz von Journalismus in der Fläche geht, inzwischen geradezu Eckpfeiler. Durchaus selbst manchmal in der Versuchung, zu überspitzen, um Aufmerksamkeit zu bekommen. Meist aber sehr seriös. Ich denke eher, da muss es ein medienübergreifendes Qualitätsbündnis geben. Gegen den Trend zur Blasenbildung, für eine Rettung des allgemeinen Dialogs über die zentralen Fragen. Der Vorteil der Zeitungsleute ist immer noch, dass sie nicht in dieser langweiligen Ausgewogenheitsfalle sitzen, dass sie origineller sein können und müssen als Rundfunkleute, die von der ganzen Gesellschaft bezahlt werden. Aber beide bieten einen Journalismus an, der sich in der Netzwelt erstmal neu finden muss. Beide brauchen sie auch die nicht-analoge Verbreitungsform. So wie die Jungen sich morgens seltener lange mit einer Zeitung auf Papier beschäftigen, schauen sie auch nicht mehr zu bestimmten Uhrzeiten bestimmte Sendungen. Im Netz die Schwellen senken für das eigene Publikum, ohne dass sich die Medien gegenseitig versuchen aufzufressen: Darum geht es, wenn Qualität im digitalen Zeitalter Bestand haben will.

Kaspar: Schauen wir mal in die digitale Zukunft: Ich denke, dass wir neu über den Kern nachdenken müssen. Der Kern ist Haltung. Wie lässt die sich auf allen Kanälen transportieren, den alten wie den neuen? Du musst es in den unterschiedlichen Formaten können. Haltung übrigens verstanden als das Prinzip Offenheit, Zugewandtheit. Wobei gerade Corona den Qualitätsjournalismus da manchmal an den Rand des Wahnsinns getrieben hat. Bei all der Meinungsvielfalt, die wir gerade dazu hatten: In polarisierten Situationen wollen die Leute manchmal ja gar keinen Qualitätsjournalismus mehr, sie wollen die Bestätigung der eigenen Meinung.

Meng: Da zumindest hat sich über die Jahre wenig geändert. Es gibt immer einen Kern der Fangemeinde, die sich bestätigt fühlen will. Was nicht unehrenhaft ist, noch nicht einmal rundum negativ. Wir alle gehen durchs Leben und verfestigen dabei Grundansichten. Wir alle wollen informiert werden, aber dabei das Gefühl haben, dass wir der Informationsquelle vertrauen können, auch von der Haltung her. Das widerspricht sich nicht damit, dass die meisten von uns sich ja immer noch ganz gern mal auf eine neue Idee bringen lassen.

Kaspar: Gab es in der Geschichte der Zeitung denn jemals eine Situation, in der alles derart klar polarisiert war wie bei Corona?

Meng: 1968 war ein klar polarisierter Generationenkonflikt, der richtige Weg bei der deutschen Vereinigung war auch sehr umstritten, aber das waren vergleichsweise politische Polarisierungen. Heute scheint Meinung manchmal rein lebensweltlich zugeordnet zu sein. Ansonsten gilt: Journalismus ist ja immer versucht, sich auf die Seite des Guten zu schlagen. Des Guten im jeweiligen Berichtsfeld, der betreffenden Teilwelt. Nähe ist da ja auch ein Teil des Jobs, nah dran sein und doch mit einem unabhängigen Kopf. Klar, eine ständige Gratwanderung. Aber die macht den Journalismus so spannend, das ist die Faszination des Berufs. Auch wenn es stimmt: dem Sportjournalismus ist die Sympathie für den lokalen Verein anzumerken, dem Umweltjournalismus die Sympathie für radikalen Klimaschutz und so weiter. Bei Corona war das komplizierter. Aber in diesem tollen Beruf ist dieses Problem die Chance. Und zugleich das Privileg. Alle Seiten wahrnehmen können und zugleich frei zu sein.

Kaspar: Das Internet verstärkt es wohl eher. Teil einer Community zu sein, viele Likes zu bekommen – verführt das dazu, den Leuten nach dem Mund zu berichten?

Meng: Resonanz verstärkt Eitelkeiten, das war immer schon so. Anhand des Mediums Fernsehen lässt sich das prima studieren, wenn man die betreffenden Leute auch im wirklichen Leben kennt. In der digitalen Welt kommt dann noch eine ungeheure Distanz zueinander hinzu. Da begegnet man einander ja nicht mal mehr in einem Studio, ist aber schnell Teil derselben thematischen Blase, in der rund um die Uhr alle in die gleiche Richtung kommunizieren.

Kaspar: Eine der Herausforderungen des Qualitätsjournalismus ist es, mit dieser Beschleunigung klarzukommen. Im Internet braucht Qualitätsjournalismus eine radikale Transparenz. Es muss nachvollziehbar sein, wie sich eine Geschichte fortschreibt. Wir sind die Quelle für Wikipedia. Unser Publikum kann die Texte nicht nur heute, hier und jetzt lesen, sondern das Netz hebt sie auf. Also müssen wir umso mehr Kontext herstellen, Entwicklungen nachvollziehbar machen. Gerade wenn neue Informationen hinzukommen und Einschätzungen sich ändern.

Meng: Wie werden wir in zwanzig Jahren über diese Umbruchzeit reden? Diese Zeit, in der sich die Art ändert, wie wir uns informieren? In der die heute lebenden Generationen sich sehr unterschiedlich informieren? In der die Schlüsselrolle des Journalismus als Übersetzungsmedium in Frage steht? Wird man das Q-Wort in zwanzig Jahren noch zum Maßstab nehmen?

Kaspar: Dann werden die Enkel der Digital Natives auf der Welt sein. Und ihre Großeltern in den Führungspositionen in einer radikal vernetzten Welt. Wir werden noch weit mehr als heute mit der Algorithmisierung der Welt konfrontiert sein, mit der automatischen Steuerung von Verkehrsabläufen, Alltagsbesorgungen, aber eben auch Informationsflüssen. Nicht mehr nur mit der programmierten Steuerung, die schon problematisch genug ist. Stichwort Künstliche Intelligenz: Dann wird es darum gehen, ob und wie wir Menschen frei und selbstbestimmt bleiben können. Für uns wird das Q-Wort dann in umfassender Weise sehr entscheidend, aber wir müssen vielleicht auch wieder neu lernen, es in den Mittelpunkt zu stellen. Ja, es gibt schon heute eine neue tiefe Sehnsucht nach dem Humanen. Qualität wird mit der Frage zu tun haben, ob ich einer Welt, die sich immer mehr beschleunigt und algorithmisiert, noch etwas entgegenhalten kann. Etwas, das menschliche Werte ins Zentrum rückt.

NACHSCHLAG

Wofür das alles, oder: Unser Faden

Arnd Festerling

Was bleibt? Was kommt? Diese Fragen stellen sich zwangsläufig, wenn die Beschäftigung mit der Vergangenheit sich nicht in Nostalgie erschöpfen soll.

Viele hunderttausend Zeitungsseiten wurden gedruckt in all diesen Jahren. Früher scherzten wir gern, man könne wenigstens Fische hineinwickeln (in die Deutschland-Ausgabe) oder Grüne-Soße-Kräuter (in die Frankfurter und die Regionalausgaben), nasse Schuhe mit der FR stopfen oder vorm Streichen den Boden mit ihr abdecken (alle Ausgaben). Letzteres führte oft zu verzögertem Arbeitsbeginn, weil sich Helfer oder Helferinnen im Altpapier festgelesen hatten.

Natürlich wurden uns auch zu Papierzeiten schon andere Antworten abverlangt. Heute, angesichts der Abermillionen Klicks auf die digitalen FR-Texte, gilt das erst recht. Was also bleibt? Die *Frankfurter Rundschau* war immer eine Zeitung mit einem Anspruch, gemacht von einer Redaktion mit einem Anspruch für eine Leserschaft mit einem Anspruch. Nicht irgendeinem.

Die allermeisten in der Redaktion wollten durch all die Jahrzehnte der FR-Geschichte unseren journalistischen Teil zu einer besseren Welt beitragen. Oft, sehr oft, waren wir uns uneins, wie diese bessere Welt aussehen könnte oder sollte und schon gar, auf welchem Weg sie vernünftigerweise zu erreichen wäre. Immer aber hatte dieses „besser" zu tun mit Werten wie Freiheit und Demokratie, selbstverständlich, vor allem aber auch mit Gerechtigkeit, sozialem Ausgleich, friedlichem Miteinander.

Das ist der Faden, der sich von Anfang an durch die Geschichte der FR zieht, der das Gestern mit dem Heute verbindet. Die vierseitige, auf schlechtem Papier gedruckte erste Zeitung mit dem modernen, durchgestylten Blatt heute. Die Redaktion der ersten Stunde, deren Texte in Bleilettern gesetzt wurden, mit der heutigen, deren Berichte oft im Internet stehen, lange bevor sie an die Druckerei geschickt werden.

Die Leser und Leserinnen damals, die ein zerstörtes Land nach einem angezettelten barbarischen Krieg wieder aufbauen mussten, mit jenen heute, die in Zeiten des Klimawandels und globaler sozialer Spaltung nach Wegen in eine lebbare Zukunft suchen. Und auch das gehört untrennbar zusammen: Die Texte, die in tiefem Ernst von den Problemen der Welt berichten und sie analysieren – und jene, die sich leicht und gefällig mit ihrer schönen, lebenswerten und oft auch lustigen Seite beschäftigen.

Immer wieder gab es Kolleginnen oder Kollegen – auch Leserinnen und Leser –, die Anspruch mit missionieren verwechselten. Die vergaßen, dass wir zuallererst journalistischen Grundsätzen verpflichtet sind. Und ja, es gab auch jene, die meinten, der ewige Wunsch nach Verbesserung sei überholt angesichts unserer inzwischen doch so schönen Welt, zumal ein jeder und eine jede selbst des Glückes Schmied sei. Beides hat Redaktion, Zeitung und Leserschaft nicht nachhaltig von ihrem Anspruch abbringen können.

Die Zeitung berichtet über die Welt verlässlich und wahrhaftig wie sie ist. Nicht wie sich der eine oder die andere sie sich vielleicht wünscht. Zugleich mit einer kritischen Haltung, die der Gewissheit entspringt, dass es auch besser geht. Journalistenpreise allererster Güte zeugen davon, dass die FR und ihre Redaktion der Aufklärung und dem Aufdecken verpflichtet sind, nicht dem so viel bequemeren Rechtfertigen, Hinnehmen und Beschönigen. Auch da: Gut, dass es den gemeinsamen Faden gibt.

Noch wichtiger als die vielen dutzend mit Preisen ausgezeichneten Texte waren und sind jene hunderttausende Artikel im Lauf der Jahrzehnte, die im Kleinen, Alltäglichen den Geist ebenjener Wahrhaftigkeit atmeten. In der Zeitung galt und gilt ein Standard für alle Texte. Für die wächterpreisverdächtige Recherche, für den Leitartikel in der Politik, für die Texte in der Wirtschaft, im Feuilleton, im Sport oder im Lokalen. Es galten und gelten Grundhaltungen: Wer sich entscheiden muss, entscheide sich für die Seite der Schwachen. Wer Ungerechtigkeit sieht, begehre auf. Wem nur eine Seite präsentiert wird, suche nach der oder den anderen.

Wir müssen wissen, wo wir herkommen, wenn wir entscheiden wollen, wo es hingeht. Ganz eindeutig ist das oft nicht auszudrücken: Manchmal gehören Zweifel mit zum geraden Weg. Weder die *Frankfurter Rundschau* noch ihr Publikum haben sich Entscheidungen über die Richtung ihres Weges je leicht gemacht, oft vermutlich schwerer als andere. Deswegen haben wir in der Redaktion immer von einer Wertegemeinschaft gesprochen, die uns alle in und mit der Zeitung verbunden hat, die uns heute verbindet und künftig verbinden wird.

Was bleibt? Was kommt? Es ist wichtig zu wissen: Da ist dieser Faden.

Arnd Festerling, geb. 1961 in Bremen, Studium der Germanistik, Geschichte sowie Theater-, Film- und Fernsehwissenschaften an der Universität Frankfurt. Stationen bei der Rheinpfalz, dem Hessischen Rundfunk und dem Gemeinschaftswerk der Evangelischen Publizistik. Von 1989 bis 2019 Redakteur der FR – in der Sportredaktion, dem Lokalen und Regionalen, der Wirtschaft und der Politik, langjähriger Ressortleiter, 2012 bis 2019 FR-Chefredakteur.